中国票据市场研究

（2021 年第 3 辑　总第 8 辑）

中国票据研究中心　编

中国金融出版社

责任编辑：黄海清　白子彤
责任校对：李俊英
责任印制：程　颖

图书在版编目（CIP）数据

中国票据市场研究.2021年.第3辑／中国票据研究中心编.
—北京：中国金融出版社，2021.12
　　ISBN 978-7-5220-1422-7

　　Ⅰ.①中…　Ⅱ.①中…　Ⅲ.①票据市场—中国—文集
Ⅳ.①F832.5-53

中国版本图书馆CIP数据核字（2021）第252075号

中国票据市场研究.2021年.第3辑
ZHONGGUO PIAOJU SHICHANG YANJIU.2021 NIAN.DI-3 JI

出版
发行　中国金融出版社

社址　北京市丰台区益泽路2号
市场开发部　（010）66024766，63805472，63439533（传真）
网 上 书 店　www.cfph.cn
　　　　　　（010）66024766，63372837（传真）
读者服务部　（010）66070833，62568380
邮编　100071
经销　新华书店
印刷　保利达印务有限公司
尺寸　185毫米×260毫米
印张　7.25
字数　100千
版次　2021年12月第1版
印次　2021年12月第1次印刷
定价　49.00元
ISBN 978-7-5220-1422-7
如出现印装错误本社负责调换　联系电话（010）63263947

编 委 会

目 录

市场运行

2021年上半年
票据市场运行情况

上海票据交易所

2021年初以来，在宏观经济持续向好的情况下，票据市场运行总体平稳，服务实体经济功能持续增强。上半年，票据市场业务总量83.29万亿元，同比增长8.14%。其中，承兑金额12.30万亿元，增长5.34%；背书金额27.60万亿元，增长21.03%；贴现金额7.59万亿元，下降3.44%；转贴现交易金额24.10万亿元，下降5.53%；回购交易金额11.70万亿元，增长25.48%。6月转贴现和贴现加权平均利率分别为2.74%和2.93%，较上年12月分别下降10个和17个基点；质押式回购加权平均利率为2.22%，较上年12月上升63个基点。

一、票据市场服务功能持续增强，有力支持宏观经济恢复增长

（一）企业用票规模稳步增长，服务中小微企业导向突出

在宏观经济持续恢复、趋势向好的情况下，各类企业用票活跃度总体较高。2021年上半年，企业用票金额[1]47.49万亿元，同比增长12.16%；用票企业家数[2]237.82万家，同比增长16.49%。票据市场依托自身灵活便捷、低成本、广覆盖的市场优势，充分运用"贴现通"、"票付通"和供应链票据等创新产品和业务，更好地满足中小微企业支付融资需求，有力支持中小微企业平稳发

---

[1] 用票金额指当期票据承兑、背书和贴现金额的合计数，下同。
[2] 用票企业家数指当期签发承兑、背书和贴现的企业家数合计数，下同。

3

展。2021年上半年，中小微企业用票金额34.68万亿元，占比73.03%；中小微企业用票家数234.63万家，占比98.66%。

（二）商票业务保持较快增长，服务半径不断扩大

在供应链金融政策环境持续优化的背景下，金融机构和产业平台对供应链票据的认知度和参与度稳步提高，同时商业银行积极运用商票开展供应链金融业务，推动商票业务实现较快增长。2021年上半年，商票用票金额4.24万亿元，同比增长22.43%。其中，商票签发承兑1.96万亿元，同比增长17.67%；商票贴现6688.01亿元，同比增长23.54%。商票服务企业范围不断拓展，商票的平均面额持续下降。2021年上半年，商票用票企业家数35.02万家，同比增长27.95%；商票签发的平均面额107.12万元，同比下降17.96%。

（三）票据市场有力支持行业复苏，重点行业用票金额增长较快

2021年上半年，商务服务、建筑装修以及有色金属等7个主要行业用票金额合计27.17万亿元，市场占比57.2%；较上年同期增长13.88%，增速较全市场用票金额增速高1.72个百分点；基础科学研究、医药生物行业延续上年增势，同比分别增长24.90%和16.70%；在国内疫情形势趋稳、居民日常消费恢复的情况下，住宿和餐饮业、社会公共服务行业用票金额同比分别增长46.09%和14.64%。

二、票据业务发展总体平稳，中小机构票据交易活跃

（一）银票承兑规模稳中有增

2021年上半年，全市场银票承兑金额10.34万亿元，同比增长3.28%。分机构类型看，国有商业银行承兑金额1.76万亿元，同比增长2.04%；股份制商业银行和财务公司承兑金额分别为4.71万亿元和4483.12亿元，同比分别增长4.65%和6.91%；城市商业银行和农村金融机构承兑金额分别为2.76万亿元和5243.67亿元，同比分别增长0.84%和0.23%。

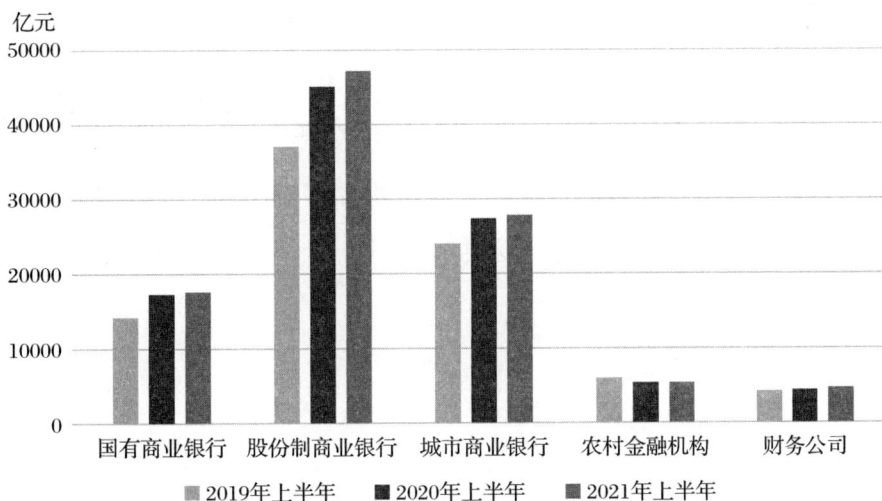

图1 不同类型金融机构银票承兑金额变化

（二）票据贴现规模略有下降

2021年上半年，全市场票据贴现金额7.59万亿元，同比下降3.44%。票据贴现规模同比下降，与上年同期基数较高有关。分机构类型看，国有商业银行、农村金融机构贴现金额有所下降，股份制商业银行和城市商业银行贴现金额基本持平，而财务公司贴现金额同比增长。

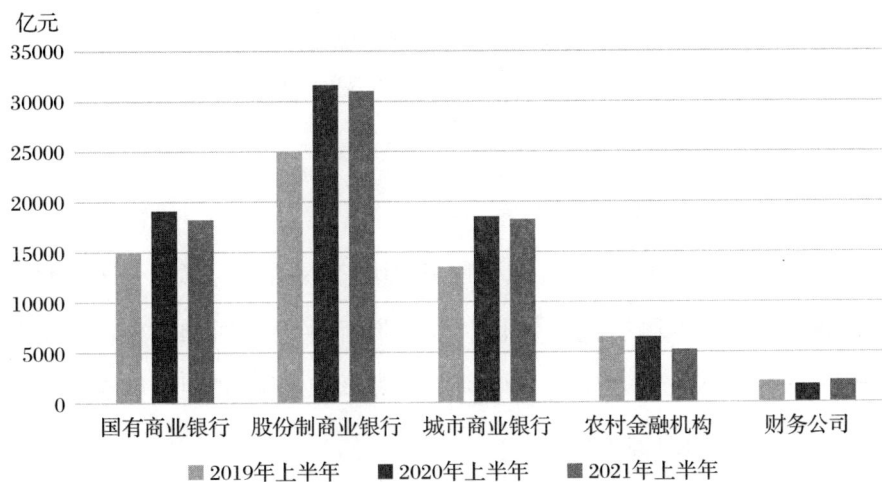

图2 不同类型金融机构票据贴现金额变化

（三）转贴现交易金额有所下降，中小机构市场份额同比上升

2021年上半年，全市场转贴现交易金额24.10万亿元，同比下降5.53%。分机构类型看，国有商业银行和股份制商业银行交易占比同比分别下降3.21个和6.35个百分点；城市商业银行、农村金融机构和证券公司交易占比则分别上升3.09个、3.74个和1.34个百分点，反映出中小机构参与票据资产交易的活跃度上升。

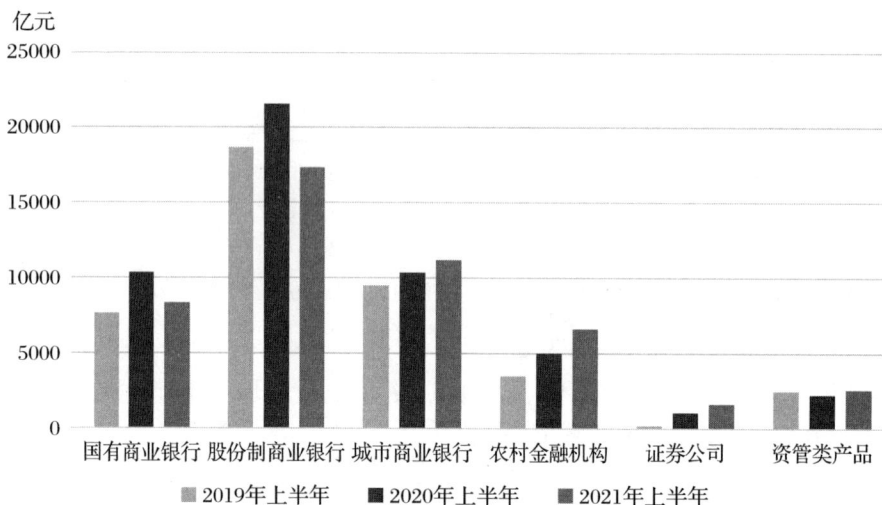

图3 不同类型金融机构票据转贴现交易金额变化

（注：分机构类型的转贴现交易按照买入和卖出双边统计）

（四）回购业务保持较快增长

2021年上半年，质押式回购和买断式回购交易金额合计11.70万亿元，同比增长25.48%。其中，国有商业银行和股份制商业银行回购金额同比分别增长14.36%和15.20%；城市商业银行、农村金融机构和证券公司回购金额同比分别增长18.69%、41.09%和121.53%。

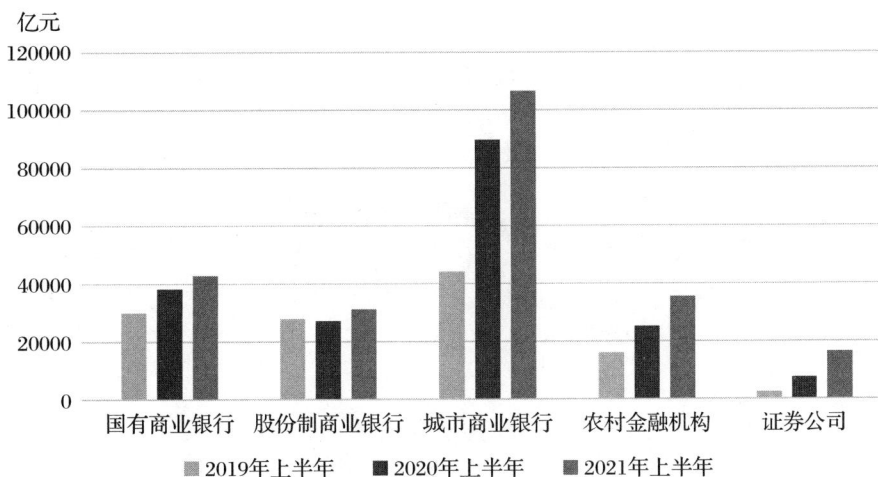

图4 不同类型金融机构票据回购交易金额变化

（注：分机构类型的回购交易按照买入和卖出双边统计）

三、票据转贴现和贴现利率总体下降，回购利率稳中有升

（一）转贴现和贴现利率总体下降

在年初信贷规模紧张、货币市场利率上行的情况下，转贴现加权平均利率由2020年12月的2.84%上行至2021年2月的3.27%；3月以来，随着信贷额度转为宽松、市场利率水平趋于平稳，转贴现利率逐月回落。6月转贴现加权平均利率为2.74%，较2020年12月下降10个基点。与转贴现利率走势一致，贴现加权平均利率先上升至2月的3.72%，随后则呈总体回落态势。6月贴现加权平均利率为2.93%，较2020年12月下降17个基点。

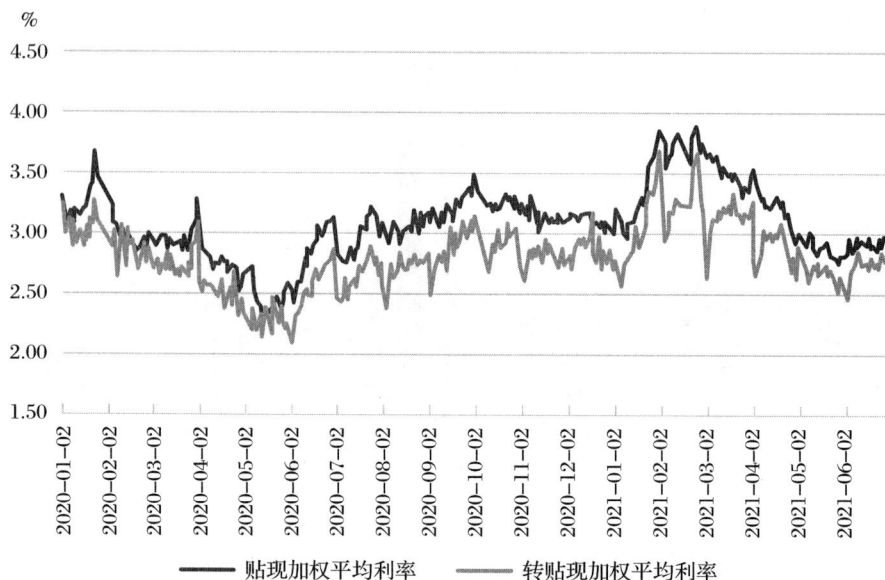

图5　2020年以来票据转贴现和贴现利率走势

（二）票据回购利率稳中有升

2021年6月，质押式回购加权平均利率为2.22%，较2020年12月上升63个基点，较3月上升9个基点；买断式回购加权平均利率为2.29%，较2020年12月上升85个基点，较3月上升16个基点。票据回购利率与货币市场其他利率品种走势紧密相关，在2020年末市场利率总体偏低的情况下，2021年以来票据回购利率有所回升。

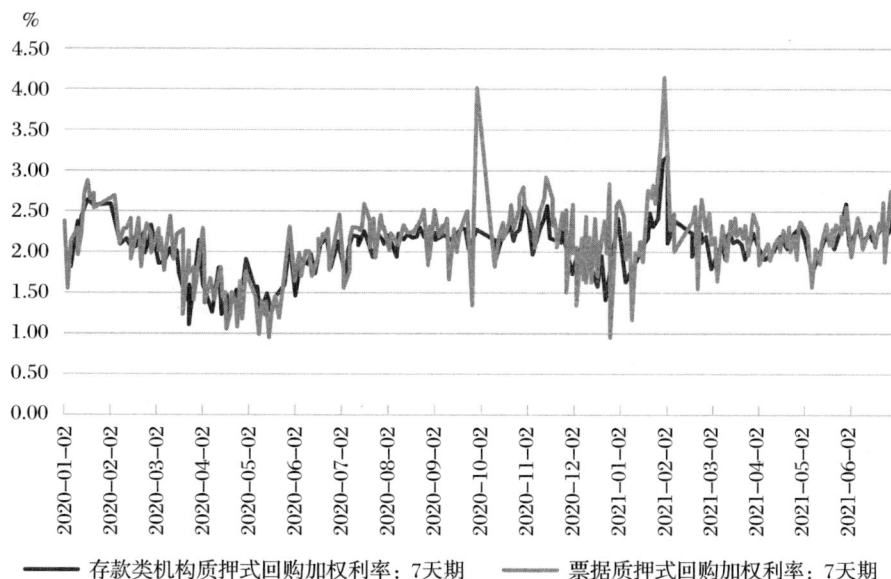

存款类机构质押式回购加权利率：7天期　　　　票据质押式回购加权利率：7天期

图6　2020年以来票据质押式回购利率（7天期）与DR007走势

四、趋势展望

2021年上半年，在宏观经济持续向好、各项政策保持稳健连续的情况下，票据市场运行总体平稳，在上年同期较高的基数上实现业务总量同比增长；同时，各项创新业务稳步推进，风险防控体系不断完善，票据市场服务中小微企业的导向更加突出、成效持续彰显。下一阶段，依托良好的宏观经济势头和稳定的金融政策环境，票据市场的各项创新业务有望在更大范围内实现提质增效，并推动业务总量实现平稳增长。

市场研究

票据业务会计制度与
宏观调控统计指标研究

胡　晓[①]

[摘　要]　近年来，随着票据市场的发展演化及其影响力的不断扩大，陆续有观点认为应对现行票据承兑、贴现的会计制度及信贷规模等宏观调控统计口径进行适时调整以符合票据业务的实质。本文认为，制度层面的调整可谓牵一发而动全身，事关重大。在会计制度方面，笔者认为依据现行会计处理方式，银行承兑汇票承兑行作为主债务人在表外予以记载，出票人作为担保人在表内予以记载，与各自实际承担的票据责任及先后顺序不一致，根据实质重于形式、如实反映相关方财务及权责情况的原则，上述方式应予以调整。笔者创新性地提出承兑行承兑以"敞口"方式进表及相应会计处理建议。在信贷规模等宏观调控统计口径上，笔者基于现有模式，逐一比较、论证其他可能的调整方式及其利弊与核心点，认为应进行进一步的理论及量化分析，尤其是针对调整后的影响链条。在此之前可暂时维持现有信贷规模统计口径与架构，但是在实际操作中予以差异化监管和调控，为未来可能的调整留下伏笔。

[关键词]　承兑　贴现　会计制度　统计口径

---

① 作者简介：胡晓，金融学博士，现供职于兴业银行成都分行。

一、引言

商业汇票（含银行承兑汇票和商业承兑汇票，以下简称票据）作为具有融资属性的远期支付结算工具，自20世纪90年代人民银行会同有关部门在"五行业、四品种"（煤炭、电力、冶金、化工、铁道和棉花、生猪、食糖、烟叶）的购销环节推广使用以来，因为其融资门槛低、融资成本低等特有的便利性，逐渐得到企业的认同和广泛使用。作为沟通实体经济、信贷市场和资金市场的纽带，票据不仅极大地便利了企业间的支付结算和融资，还为商业银行带来包括利息收入、价差收入、中间业务收入等在内的诸多显性和隐性收益。在市场供需两旺刺激下，2001年以来商业汇票的签发量和贴现量爆发式增长（见图1），年签发量从2001年的1.2万亿元增长至2013年突破20万亿元，年贴现量也

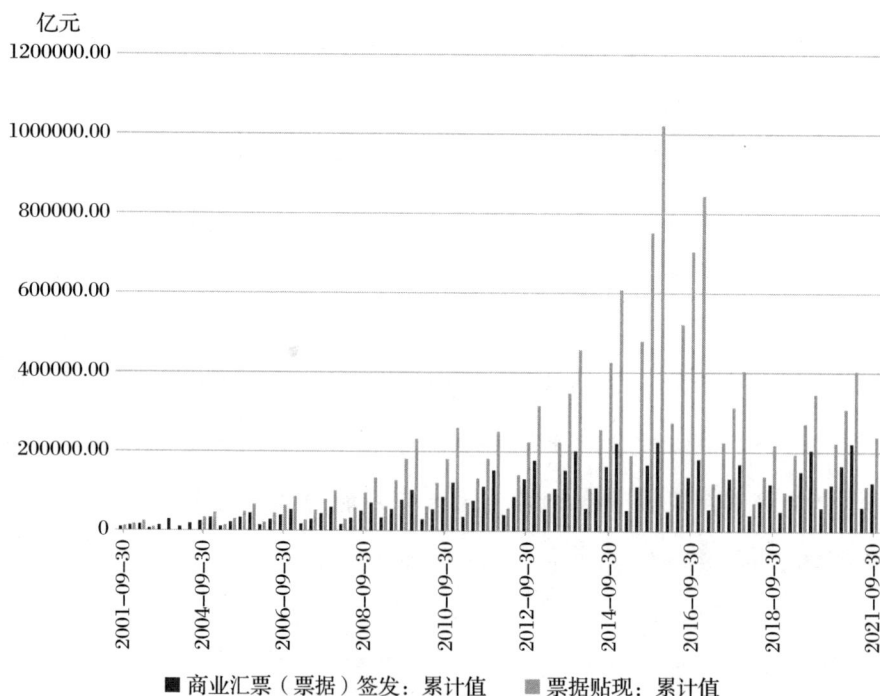

图1　2001年以来商业汇票累计签发和贴现业务量

（数据来源：中国人民银行）

从1.5万亿元增长至2015年突破100万亿元；随着上海票据交易所的成立，人民银行大力推动票据电子化、应收账款票据化，票据市场基础设施不断完善，未来市场进一步扩容空间广阔。

在商业银行票据贴现和转贴现业务中，票据流转速度日益加快，呈现资金化趋势。贴现与转贴现业务通过活化存量、优化增量，对支持实体经济、调整银行自身资产配置发挥着重要作用。然而，由于票据业务与传统信贷业务无论在业务性质还是在经营方式上都不尽一致，近年来陆续有观点认为应对票据业务承兑、贴现及转贴现的会计处理方式和信贷规模等宏观调控统计口径进行调整，既有利于票据业务回归本源，也有利于准确衡量流动性，提高货币政策有效性。

一部分研究观点认为承兑业务表内外处理存在弊端，商业银行对于银行承兑汇票业务的表外信息披露不规范且不全面。例如，曾庆生等（2021）基于承兑业务的经济实质与法律关系分析并结合境内外票据承兑与贴现的会计处理实践比较后认为，可能的调整方案之一是在保持目前的表外会计核算的基础上加强表外披露的规范性和全面性，同时保证银行承兑汇票垫款风险入表的及时性；或将目前的表外核算模式调整为表内核算模式，以便监管层和市场全面监控承兑业务风险，但是应同时出台相关监管指标的修改方案，保证承兑业务的入表处理不会挤占银行现有的信贷额度，使承兑业务的入表处理不会对商业银行的监管体系考核造成影响。

另一部分研究观点则认为将票据资产纳入信贷规模统计口径存在弊端，将加剧票据市场利率的非理性波动，由此带来的套利行为将影响货币政策的有效传导。谢晶磊（2021）基于票据贴现行为具有交易和信贷双重属性的二分理论，认为票据交易可以转移信贷规模是造成票据市场交易量剧烈变动、票据资产价格与同类型资产发生背离的重要原因，将信贷行为与票据交易行为分离理论上可以使交易机构更多地关注票据资产的投资价值，排除信贷政策对票据市场交易价格的扰动，起到稳定票据市场的作用，票据资产（含贴现、转贴现）

不应属于信贷资产。郭新强（2021）认为目前将转贴现纳入狭义信贷规模管理，导致票据利率非市场化、月末时点畸高畸低，是诱发票据违规套利的重要推手，降低了央行货币政策服务实体经济的真实性、有效性，转贴现应从狭义信贷规模管理中移除，认定其为同业资产，纳入广义信贷规模管理。

总体来看，相较于我国票据市场的巨大体量及上海票据交易所等基础设施建设方面的不断完善，目前国内对于票据承兑、贴现的会计制度及信贷规模等宏观调控统计口径的关键性基础研究较少，且多局限于承兑、贴现等单一环节。如何系统性研究当前票据业务会计及统计口径的利弊、比较选择可能的优化方案、全面评估不同调整方案的影响进而提出相应的配套措施，关系票据市场未来发展的广度和深度，具有重要的指导意义。

二、目前的做法

（一）会计科目

票据根据承兑人的不同，分为银行承兑汇票和商业承兑汇票，银行承兑汇票由银行承兑，商业承兑汇票由银行以外的付款人承兑。根据我国《商业银行表外业务风险管理指引》和《企业会计准则》，银行承兑汇票和商业承兑汇票的出票人、承兑人在实际操作中采取了不同的会计处理方式。

1. 银行承兑汇票。在会计处理上，银行承兑汇票出票环节，企业出票人计"表内"，银行承兑人计"表外"，例如：

（1）企业端：

借：原材料

贷：应付票据

（2）银行端：

借：现金

贷：承兑保证金

同时，承兑行计表外：

收：承兑汇票应收款

　　付：承兑汇票应付款

银行承兑汇票到期，反向销记上述科目。

2.商业承兑汇票。假设商业承兑汇票出票后仅在企业间流转，不办理贴现，到期由持票人提示付款，承兑人兑付，则：

（1）出票环节：

借：原材料

　　贷：应付票据

（2）到期兑付环节：

借：应付票据

　　贷：银行存款

银行承兑汇票和商业承兑汇票会计处理差别的核心在于不同于商业承兑汇票承兑人在表内确认相应的负债，我国商业银行在受理承兑业务时，不在资产负债表中确认相应的承兑资产和承兑负债，而将其作为或有负债进行表外登记，到期持票人提示付款时再将表外承兑科目进行销记。其原因在于以下几点：

首先，根据《商业银行表外业务风险管理指引》，银行承兑汇票承兑业务是商业银行接受客户的委托对第三方承担责任的业务，属于担保类表外业务。这里的表外业务之"表"，指银行资产负债表。表外业务之"外"，则是因该业务"结果具有不确定性，其结果必须由未来事项决定"而无法列入资产负债表。

其次，根据我国《企业会计准则》，其"基本准则"第十六条规定"企业应当按照交易或者事项的经济实质进行会计确认、计量和报告，不应仅以交易或者事项的法律形式为依据"。虽然在法律形式上，承兑行具有无条件付款的义务，但是在实质上，承兑业务在承兑时并不占用银行的资金，且绝大部分银行承兑汇票的出票人会在承兑到期时或到期前足额缴存票款，"承兑"只是形成承兑银行的或有负债，因此从承兑业务的经济实质看，国内商业银行承兑业务不在表内进行确认和计量。加之上述规范性制度并未对承兑业务给出标准化的信息披露范式，因此绝大多数银行的会计处理比较简单，多采用表外单边记账，仅在业务发生时登记名义金额，对外部利益相关方提供的其他有效信息较少。

相比较而言，虽然《巴塞尔协议》将汇票承兑业务视为表外业务，但是绝大多数境外商业银行根据《金融工具准则》（IAS39）和《国际财务报告准则第9号——金融工具》（IFRS9），对承兑业务进行表内的会计核算和处理，将承兑业务的债权、债务在业务发生时按照票面价值作全额的入表核算，计入"其他资产"和"其他负债"中的"票据承兑及背书"科目。境内外银行之所以存在上述会计处理差异，可能源于我国企业会计准则和国际会计准则在"或有事项"会计准则适用范围的差异。虽然我国《企业会计准则第22号——金融工具确认和计量》对于金融工具的定义与IFRS9一致，银行汇票承兑业务应该作入表处理，然而我国的《企业会计准则第13号——或有事项》在适用范围中并没有排除承兑汇票，使商业银行可以遵循或有事项会计准则的处理标准，或有负债不入表，因此不将汇票承兑业务入表核算。相比之下，《国际会计准则——或有事项准则》（IAS37）在适用范围中明确指出，依据IAS39或者IFRS9确认的金融工具不适用或有事项准则，由此境外商业银行不能将汇票承兑业务作为或有事项进行表外核算（曾庆生等，2021）。

（二）信贷规模等宏观调控统计口径

按照《商业汇票承兑、贴现与再贴现管理暂行办法》（银发〔1997〕216号）及人民银行、银保监会信贷统计相关规定，票据贴现、转贴现纳入信贷总量，银行承兑汇票在承兑环节不计入贷款规模，承兑行在表外科目列示；当企业将银行承兑汇票申请办理贴现时，贴现行以贴现金额计入本行的贷款规模；

当银行间办理票据转贴现时，票据所有权发生转移，转出行计贷款规模减项，转入行计贷款规模加项；当持票银行办理票据回购业务时，属于资金交易，票据作为质押物其所有权并未发生转移，交易双方均不调整贷款规模，贷款规模仍统计在票据回购的卖出方。

相比较而言，境外商业银行对于票据贴现资产的会计处理则较为简单，即将贴现票据作为一项普通的金融资产纳入资产负债表内反映，不涉及信贷规模等宏观经济调控指标。

三、存在的主要问题

（一）银行承兑汇票出票人计"表内"、承兑行计"表外"的做法，与各自所承担的票据责任不一致

根据《票据法》立法原则，票据权利包含两次请求权，即付款请求权和追索权。商业汇票的主债务人为承兑人/付款人（第一债务人），对汇票上所载金额负绝对的、最终的付款责任（《票据法》第四十四条）；出票人则承担保证该汇票承兑和付款的责任，在汇票得不到承兑或者付款时，持票人即可向出票人进行追索（《票据法》第二十六条）。

然而，根据现行会计处理方式，银行承兑汇票承兑行作为主债务人在表外予以记载，出票人作为担保人在表内予以记载，与各自实际承担的票据责任及先后顺序不一致；根据实质重于形式、如实反映相关方财务及权责情况的原则，上述方式应予以调整。商业承兑汇票各票据当事人现有会计处理方式则可维持不变。

（二）承兑银行承兑业务表外处理、信息披露过于简单，不利于风险防控

国内商业银行对于承兑业务采用表外单边记账，相应的信息披露也较为简单，如仅在财报的表外承诺业务中简单列示银行承兑汇票的期初额和期末额，

不仅缺乏保证金水平、出票人资质、客群分布等风险状况指标，而且部分银行存在超额承兑、恶意承兑的风险，甚至会利用汇票承兑业务的表外属性，通过表外承兑业务调节操纵表内不良资产。因此，缺乏全面化、规范化的表外承兑信息披露规则，监管部门和外部利益相关方难以准确地掌握承兑银行承兑业务的总量、结构和风险状况，票据市场也存在总量失控的潜在风险。

（三）已贴现票据本质上有别于信贷资产，现有信贷总量等宏观调控统计指标口径存在改良空间

现行人民银行"金融机构人民币信贷收支表"等统计报表中，"各项贷款"口径分为"境内贷款""境外贷款"，"境内贷款"中"企（事）业单位贷款"再分为"短期贷款""中长期贷款""票据融资""租赁融资""各项垫款"，因此票据贴现与转贴现余额被纳入贷款规模，具有信贷属性，和其他品种一起都将占用各行的"贷款额度"。

但是，不可否认的是已贴现票据资产和信贷资产存在本质区别，票据是一种有价证券，信贷资产属于合同债权；票据债务人为承兑人，信贷资产债务人为借款企业；票据贴现是买卖关系，信贷业务是借贷关系。从人民银行、银保监会、证监会、外汇局联合下发《关于印发〈金融机构资产管理产品统计制度〉和〈金融机构资产管理产品统计模板〉的通知》（银发〔2018〕299号）等监管文件将票据资产纳入"债务凭证"而非"贷款"进行统计，也可看出金融管理部门对于票据资产不属于信贷资产已有认可。

四、会计处理与宏观调控统计口径调整方式分析

（一）会计处理

现行关于银行承兑汇票出票人和承兑行的会计处理方式，未能如实反映各自票据责任，那么应如何调整？笔者结合票据业务实质、会计准则及监管原

则，提出如下创新建议：

首先，银行承兑汇票承兑行承兑环节以"敞口"形式进表，结合上文示例，会计处理方式调整如下：

借：承兑汇票应收款-现金[①]

　　贷：承兑汇票应付款-承兑保证金

其优点在于，第一，承兑"进表"，与承兑行根据票据法承担的实际票据责任相符；第二，若按票面金额进表，则相当于凭空多出等量的表内资产和负债，凭空加大承兑行杠杆率，按"敞口"进表的方式则借鉴了会计学"备抵科目"原理，是所对应科目的减项，这与承兑业务保证金机制安排的实质相符；第三，"敞口"方式进表也与《商业银行资本管理办法》项下承兑行风险资产计提方式相符。

其次，承兑行承兑进表之后，出票人仍然在表内对出票事项予以确认，维持现行会计处理方式不变。即，企业端：

借：原材料

　　贷：应付票据

其逻辑在于，第一，根据《票据法》等法律法规及银行承兑汇票承兑协议安排，出票人与承兑行之间是"真实的委托付款关系"，出票人需在汇票到期日足额交付票款；第二，出票人承担保证该汇票承兑和付款的责任。因此，出票人现行会计处理方式仍是合理的。

（二）信贷规模统计指标口径

现行信贷规模统计中的"票据"业务相关指标口径是否需要调整？笔者认为，相较于会计处理方式调整，宏观调控统计指标口径的调整关系更为重大，一经调整，在较长期限内不可更改，由此带来的市场连锁反应将是不可逆的，

[①] 此处及下一处会计分录中"-"为减号。

需要充分论证和评估。

就"信贷规模"统计口径来看，银行承兑汇票承兑和贴现（以下简称承兑、贴现）可以分为以下五类：

方案（1）承兑不计信贷规模，贴现（及转贴现）计入信贷规模，该方案即现行处理方式；

方案（2）承兑不计信贷规模，贴现计入信贷规模，转贴现不计入信贷规模；

方案（3）承兑和贴现（及转贴现）都不计入信贷规模；

方案（4）承兑计入信贷规模，贴现（及转贴现）不计入信贷规模；

方案（5）承兑和贴现（及转贴现）都计入信贷规模。

由于方案（5）会导致重复计算，显然不合理，因此笔者就其他理论上可能的替代方案 [即方案（2）（3）（4）] 逐一进行分析。

方案（2），承兑不计信贷规模，贴现计入信贷规模，转贴现不计入信贷规模，其合理性在于根据《票据法》及上海票据交易所《票据交易主协议》，票据贴现行作为背书人及信用主体，承担保证票据得到兑付的连带担保责任，且该责任不因转贴现卖断而切断，因此转贴现不能减计贴现行信贷规模；贴现行票据转贴现卖断之后，由于收益和风险并没有整体转移，根据《企业会计准则第22号——金融工具确认和计量》《企业会计准则第23号——金融资产转移》，会计上只能体现为资金融通行为，计入同业负债，而不能减计信贷规模，贴现行资产负债表仍然平衡。

方案（3），承兑和贴现（及转贴现）都不计入信贷规模。该方案需要对票据发行实施量化监管，否则票据融资可能失去控制。对此可以参照债券的统计方式和管理思路。在金融数据统计层面，单独将票据承兑未到期总量列示，类似债券融资规模，也不会影响数据统计的完整性；在业务管理层面，可以比照同业存单通过量化指标管住承兑环节，商业银行可在年初报备当年计划承兑总量，监管部门可视宏观经济形势和货币信贷政策进行微调。

方案（4），承兑纳入信贷规模，而相对应的银行承兑汇票贴现从信贷规模统计中移除。该方案看似合理，但笔者认为对于银行承兑汇票而言，单独看承兑业务，无法定义为贷款，单独看贴现业务，也不能定义为贷款；承兑和贴现的组合来看，则和贷款的内涵很接近；简单地将承兑纳入信贷规模、贴现移除信贷规模与现行信贷规模统计指标的底层逻辑有抵触。主要理由有三：

其一，尽管银行承兑汇票贴现是贴现行对相关企业投放了资金，但这种票据其实是完全的银行信用，与贴现企业并无太大关系；而银行承兑汇票一经承兑，银行信用即已生成，从贴现行来看并未扩大银行信用。如果说银行承兑汇票贴现是一种货币投放，不如说在银行承兑环节就已经实现。

其二，根据《贷款通则》，贷款是指贷款人对借款人提供的并按约定的利率和期限还本付息的货币资金；银行承兑汇票经过承兑后，成为以银行信用为担保的支付手段，但是"票据虽为支付工具，但不是通货，不具有强制通用力"（傅鼎生，2005），因此单独看承兑，与贷款"资金融通"的特征也不同。

其三，广义货币M2实质上是商业银行的负债端，绝大多数的广义信贷投放都会产生货币创造。然而，一方面，在货币供应量的统计上，银行承兑汇票承兑并未纳入M2，而是在M3，但M3目前人民银行暂不编制；另一方面，票据贴现属于典型的货币扩张过程，尽管贴现票据与贷款有所差别，但是在货币创造上则是相似的。

总体而言，上述可能的替代方案在理论上均存在利弊，并且指标口径的调整还涉及其他配套制度的出台 [方案（3）] 或者修订 [方案（2）（4）]，不能单纯地仅调整票据相关政策。

由于商业承兑汇票的本质是工商企业之间的"白条""借条"，与应收账款类似，因此无论实务操作还是业务实质，商业承兑汇票的贴现都不满足去信贷化的基本条件。

五、研究结论与政策建议

综上所述，笔者认为在会计处理方式上，现行银行承兑汇票出票人计"表内"、承兑行计"表外"的做法应结合各自承担的票据责任实质及顺序，调整为承兑行承兑以"敞口"方式"进表"；商业承兑汇票无须调整。

在信贷规模统计上，争议主要集中在已贴现银行承兑汇票是否"去信贷"以及如何"去信贷"（如直、转区分等）。鉴于可能的替代方案不仅在理论上还存在进一步成熟完善的空间，且涉及配套相关统计制度底层逻辑的调整，而且在影响分析上，也尚需更多的数据进行量化推导，因此不宜仓促。在此之前，可以暂时维持现有信贷规模统计口径与架构，但是在实际操作中予以差异化监管和调控：

第一，着重管理广义信贷规模，逐渐弱化狭义信贷规模的管控；第二，强化票据发行端监管，如银行承兑汇票承兑交易背景审核和风险资产计提，甚至可以给商业银行核定年度承兑总量上限，也可以通过联合授信等机制合理确定企业票据承兑总量；第三，银行承兑汇票贴现（及转贴现）与贷款分开统计，还原银行承兑汇票贴现业务是企业短期直接融资的业务本质，转贴现业务属于金融机构间资金投资范畴，为未来可能的口径调整留下伏笔。

参考文献

[1] 宋汉光.中国票据市场历史回顾与未来发展的六点设想[R]."陆家嘴资本夜话"系列讲坛第24期主题报告，2018.

[2] 逯剑，张虎.票交所时代完善票据业务监管的若干建议[J].中国银行业，2017(6):42-45.

[3] 傅鼎生.票据行为无因性二题[J].法学，2005(12):56-65.

[4] 曾庆生，张程，梁思源.票据业务的会计制度研究[D].中国票据研究中心工作论文，2021(5).

[5] 谢晶磊. 票据资产与信贷业务研究 [D]. 中国票据研究中心工作论文，2021 (6).

[6] 郭新强. 转贴现的狭义信贷规模属性及其调整为同业资产的影响分析 [D]. 中国票据研究中心工作论文，2021 (7).

加快在制造业推动
票据业务发展的思考

肖小和　余显财　金　睿　柯　睿[①]

[摘　要]　制造业是立国之本，我国制造业规模已跃居世界第一。但我国仍处于工业化进程中，自主创新能力不强，关键核心技术与高端装备对外依存度高，与世界先进国家有较大差距。尤其是2020年发生的新冠肺炎疫情对我国部分制造业企业发展造成了严重冲击，需要采取更加精准的帮扶措施，推动制造业企业稳增长、优结构、提质量、增效益。承兑汇票签发灵活，手续简便，既可以用于制造业企业支付结算，也可以用于扩张信用解决短期流动性紧张问题。在制造业企业中推广使用承兑汇票既满足了制造业企业支付结算和融资的需求，又丰富了票据市场的参与主体，可以实现制造业和票据行业同时健康发展的双赢局面。

[关键词]　制造业　增值税　承兑汇票

---

① 作者简介：肖小和、余显财、金睿供职于江西财经大学九银票据研究院；柯睿，就读于复旦大学经济学院。

一、问题研究背景与意义

根据国家统计局对制造业的定义，制造业是指经物理变化或化学变化后成为新的产品，无论动力机械制造还是手工制作；也无论产品是批发销售还是零售，均视为制造。制造业包括产品制造、设计、原料采购、仓储运输、订单处理、批发经营、零售等，直接体现了一个国家的生产力水平，是区别发展中国家和发达国家的重要因素。制造业在发达国家的国民经济中占有重要份额。同样，对于我国来说，制造业不仅在国民经济发展中占有重要地位，也是我国经济结构转型的基础，中国从最初的农业大国到保障重工业优先发展再到如今的制造业强国，制造业把握住了时代机遇飞速发展，是我国经济结构转型的重要基础；同样制造业也为就业市场提供了大量的就业机会。

2015年我国颁布和实施的《中国制造2025》指出，新中国成立尤其是改革开放以来，我国制造业持续快速发展，建成了门类齐全、独立完整的产业体系，有力推动工业化和现代化进程，显著增强综合国力，支撑我国世界大国地位。然而，与世界先进水平相比，我国制造业仍然大而不强。虽然经过了几十年的发展，我国制造业规模已跃居世界第一，但我们仍处于工业化进程中，与世界先进国家有较大差距，存在自主创新能力弱、关键核心技术与高端装备对外依存度高、以企业为主体的制造业创新体系不完善等一系列问题。由此可见，制造业尤其是先进制造业的发展与变革，推动制造强国已经成为我国高度重视并亟待解决的现实问题。

顾强等（2019）研究指出，2018年10月美国白宫发布了美国先进制造领导战略"Strategy for American Leadership in Advanced Manufacturing"，展示了新阶段美国引领全球先进制造的愿景，提出通过发展和推广新的制造技术，教育、培训和匹配制造业劳动力，扩大国内制造业供应链能力三大任务，确保美国国家安全和经济繁荣。德国也于2013年的汉诺威工业博览会上正式推出工业4.0概念，随后由德国政府列入《德国2020高技术战略》中所提出的十大未来项目之一。该项目由德国联邦教育局及研究部和联邦经济技术部联合资助，投资预计达2亿欧元，旨在提升制造业的智能化水平，建立具有适应性、资源效率及基因工程学的智慧工厂，在商业流程及价值流程中整合客户及商业伙伴。由此可见，发达国家对制造业尤其是先进制造业的发展高度重视。虽然近年来我国制造业持续快速发展，但值得警惕的是制造业增加值占GDP比重已经跌破30%（见图1）。杨伟民（2018）在中国工业经济学会2018年年会上的发言中曾提到，我们要高度重视制造业比重过快下滑的问题，从大国经济趋势看，美、日、德等分别是在人均GDP达到1.6万美元、1.7万美元、2.0万美元时制造业比重处于历史最高点。而2019年我国的人均GDP不到1万美元，尚未进入高收入国家行列，但已提前进入制造业比重下降的"产业空心化"时代，其中原因很重要的一点是，金融对制造业的支持力度减弱，民营资本融资困难，尤其是2020年暴发的新冠肺炎疫情对我国部分制造业企业发展造成了严重打击，希望国家在全国疫情防控得到有效控制后，加大对企业复工复产协调支持力度，采取更加精准的帮扶措施，推动制造业企业稳增长、优结构、提质量、增效益。强化金融支持和服务，解决企业流动性资金紧张的问题便是一个有效措施，其中银行承兑汇票是制造业融资的一个重要方式，根据上海票据交易所的数据显示，2020年签发银行承兑汇票约为22.09万亿元， 2018年与2019年数据显示制造业占据30%左右的高比重（2020年未披露），推动票据业务在先进制造业中的发展，是帮助制造业企业解决融资和流动性资金紧张的一项有效措施。

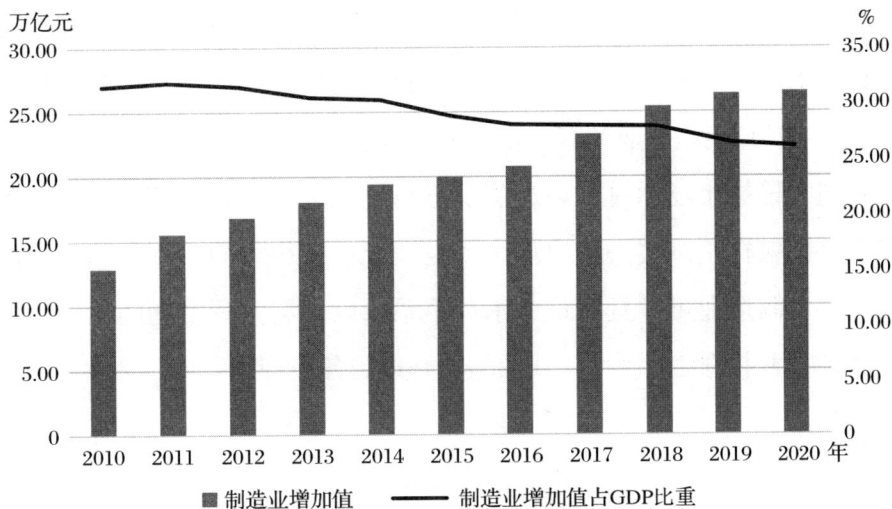

图1　制造业增加值与占GDP比重

（数据来源：世界银行）

二、以增值税为基础的制造业票据承兑总量测算

2016年营业税改增值税（以下简称营改增）完成，扩大了增值税的适用范围，商业银行和监管机构普遍把销售方开具的增值税发票作为审核贸易背景真实性的主要依据之一，只要缴纳了增值税的企业理论上都有条件开具商业汇票，为大力发展承兑业务提供了良好的条件（肖小和等，2015）。历年的货币政策执行报告指出，从行业结构看，企业签发的银行承兑汇票余额集中在制造业、批发和零售业。同时上海票据交易所的数据显示，2017年承兑业务中，出票人所在行业为制造业的占比达到45.14%，2018年与2019年制造业票据签发背书量占比也都为30%左右，可见制造业承兑融资已然是一种很成熟的方式。在第十届税收征管论坛大会开幕式上，国家税务总局局长王军表示营改增推动了服务业的发展，对促进制造业转型升级将发挥重大作用。票据融资作为制造业的一种重要融资手段，营改增自然也极大地推动了制造业承兑汇票业务发展。近年来制造业增加值不断增长，同时作为融资手段的票据量逐年增加（见图2），除

了2016年营改增完成导致增值税增加和对金融业务中商业银行在企业出票环节加强了对真实贸易背景的审查，无真实贸易背景的融资性票据被逐步挤出市场，致使2016年与2017年承兑业务有一定下滑，其余年份可以看到，制造业增加值逐年增加，同时票据市场承兑汇票总签发量也呈现上涨态势，随着制造业不断发展，作为重要融资手段之一的票据市场也一定仍有很大的发展空间。为此，下文考虑理论上制造业可开具的最大承兑汇票量以及与实际市场的比较，探究制造业在票据市场中的发展潜力，让票据更好地服务经济，服务制造业发展。

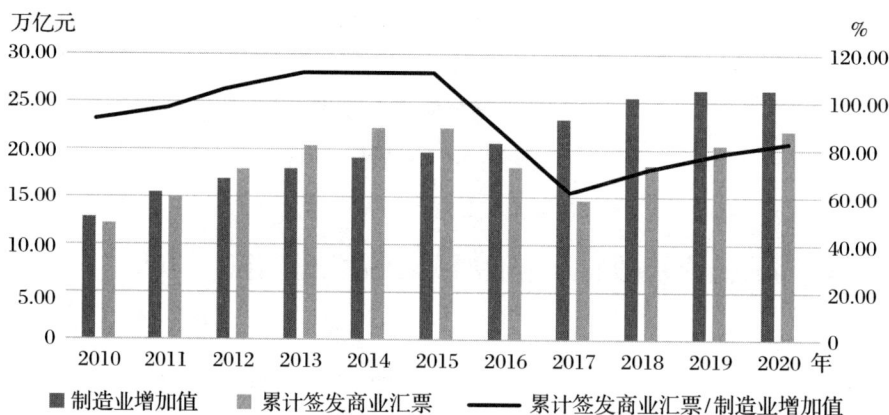

图2　2010—2020年制造业增加值与票据签发量

（数据来源：国家统计局数据库及上海票据交易所官网）

承兑总量可能性分析之模型假设：

（1）假定市场中存在n种产品，不含税价格分别为P_i元，数量为Q_i（$i=1$，2，$\cdots$，n）。

（2）第i种商品需要经过增值次数为ki次，其中第j次（$j=1$，2，$\cdots$，K_i）增值后的不含税价格为P_{ij}，此时的中间品数量为Q_{ij}，最终价格为P_i，即$P_{iki}=P_i$，$Q_{ik}=Q_i$。

（3）假定第i种商品的第j次增值所需缴纳的增值税税率为X_{ij}，则含税价格为$P_{ij}\times(1+X_{ij})$。

基于上述假设，则第 i 种商品的第 j 次增值银行可签发的汇票为 $P_{ij} \times Q_{ij} \times$ $(1+X_{ij})$。

理论上市场一共可以签发的商业汇票累计为 $\sum_{i=1}^{n} \sum_{j=1}^{Ki} P_{ij} \times Q_{ij} \times (1+X_{ij})$。

在我国现行税率制度下，主要存在三档增值税税率，分别为6%、9%、13%，因此 X_{ij} 的取值分别为6%、9%、13%。但实际市场中的产品种类及对应的增值次数无法统计。因此考虑根据企业实际缴纳增值税额进行计算，将企业分为以下几类，按照2019年新版增值税税率计算，由增值税计算公式可知：

$$增值税 = 销项税额 - 进项税额 \qquad (1)$$

$$销项税额（或进项税额）= 含税销售收入 \div (1+税率) \times 税率$$

$$= 销售额 \times 税率 \qquad (2)$$

（一）通过制造业主营业务收入测算票据承兑上限

先考虑制造业可能的承兑金额，在2018年政策中将工业企业的小规模纳税人的年销售额标准由50万元和80万元上调至500万元。考虑到银行为其开具承兑汇票的企业营业额一般较高，多数应为一般纳税人，适用2019年新发布的制造业增值税税率13%。因此下文所有数据将采用国家统计局按行业分规模以上工业行业主要经济指标，至此笔者将第一阶段的理论模型进行简化，假定单个企业增值过程共有 n 个阶段，每个阶段不含税销售产值为 $P_1, P_2, \cdots, P_n$。

因此每个阶段所需缴纳增值税为 $(P_{i+1} - P_i) \times 13\%$，各个阶段所需缴纳增值税总和为 $\sum_{i=0}^{n-1} (P_{i+1} - P_i) \times 13\% = (P_n - P_0) \times 13\%$。

第一阶段模型中假定 P_0 即初始价值量为0，则上式结果为 $P_n \times 13\%$，其含义是制造业全年缴纳的增值税总额 = 最终产业的全年产值 $\times 13\%$，根据我们的假定，此过程中银行可开具的承兑汇票理论最大值为（P_i 不包含增值税）：

$$\sum_{i=1}^{n} P_i \times (1+13\%)。$$

考虑到市场中所有的制造业企业，因此制造业所能开具承兑汇票之和即所有制造业企业销项税额之和。P_i 可以通过主营业务收入衡量，此时 P_i 即企业全年的主营业务收入，对P_i求和即得到制造业所有企业全年主营业务收入之和，将所有制造业企业[①]细分产业如下（见表1），并分别进行计算。

表1　制造业各行业主营业务收入

指标	2019年（亿元）	增值税税率（%）	含税价格（亿元）
制造业主营业务收入总计	943582.3	—	1064079.735
农副食品加工业规模以上工业企业主营业务收入	47412.6	9.00	51679.734
食品制造业规模以上工业企业主营业务收入	19510.7	13.00	22047.091
酒、饮料和精制茶制造业规模以上工业企业主营业务收入	15336.1	13.00	17329.793
烟草制品业规模以上工业企业主营业务收入	11135.0	13.00	12582.550
纺织业规模以上工业企业主营业务收入	24665.8	13.00	27872.354
纺织服装、服饰业规模以上工业企业主营业务收入	15617.8	13.00	17648.114
皮革、毛皮、羽毛及其制品和制鞋业规模以上工业企业主营业务收入	11861.5	13.00	13403.495
木材加工和木、竹、藤、棕、草制品业规模以上工业企业主营业务收入	8879.9	13.00	10034.287
家具制造业规模以上工业企业主营业务收入	7346.0	13.00	8300.98
造纸和纸制品业规模以上工业企业主营业务收入	13335.1	13.00	15068.663
印刷和记录媒介复制业规模以上工业企业主营业务收入	6794.0	9.00	7405.460
文教、工美、体育和娱乐用品制造业规模以上工业企业主营业务收入	12935.0	13.00	14616.550
石油加工、炼焦和核燃料加工业规模以上工业企业主营业务收入	48583.4	13.00	54899.242
化学原料和化学制品制造业规模以上工业企业主营业务收入	66225.4	13.00	74834.702
医药制造业规模以上工业企业主营业务收入	23884.2	13.00	26989.146
化学纤维制造业规模以上工业企业主营业务收入	9175.3	13.00	10368.089
橡胶和塑料制品业规模以上工业企业主营业务收入	25667.0	13.00	29003.710

---

① 按照中华人民共和国国家统计局—行业分类标准分类。

续表

指标	2019年（亿元）	增值税税率（%）	含税价格（亿元）
非金属矿物制品业规模以上工业企业主营业务收入	56269.7	13.00	63584.761
黑色金属冶炼和压延加工业规模以上工业企业主营业务收入	70376.4	13.00	79525.332
有色金属冶炼和压延加工业规模以上工业企业主营业务收入	53968.9	13.00	60984.857
金属制品业规模以上工业企业主营业务收入	36535.0	13.00	41284.550
通用设备制造业规模以上工业企业主营业务收入	39520.0	13.00	44657.600
专用设备制造业规模以上工业企业主营业务收入	30206.0	13.00	34132.780
汽车制造业规模以上工业企业主营业务收入	80418.1	13.00	90872.453
铁路、船舶、航空航天和其他运输设备规模以上工业企业主营业务收入	14763.5	13.00	16682.755
电气机械和器材制造业规模以上工业企业主营业务收入	64923.3	13.00	73363.329
计算机、通信和其他电子设备制造业规模以上工业企业主营业务收入	111872.9	13.00	126416.377
仪器仪表制造业规模以上工业企业主营业务收入	7619.2	13.00	8609.696
其他制造业规模以上工业企业主营业务收入	2275.9	13.00	2571.767
废弃资源综合利用业规模以上工业企业主营业务收入	5015.7	13.00	5667.741
金属制品、机械和设备修理业规模以上工业企业主营业务收入	1452.9	13.00	1641.777

数据来源：《中国统计年鉴2020》。

因此，笔者根据2019年的制造业企业主营业务收入数据计算得出的理论承兑汇票量为1064079.735亿元，约为106万亿元。此测算方法存在误差的原因主要是制造业企业计算的是按行业分规模以上工业行业的经济指标，部分小型企业未纳入计算，可能造成结果偏低，而又忽略了制造业企业中有些面向最终消费者无法开票的部分，导致结果偏高。

（二）通过制造业中间品总投入测算票据承兑上限

第二种测算方法考虑根据中间投入总价值量的方法进行测算，不同产业通过其中间投入量计算其含税价格，将所有产业含税价格加总，再加上其增值额，即得到开具承兑汇票的理论最大值。国家统计局中只有各行业2015年中间品投入的相关数据，为统一利用2019年数据进行测算，笔者通过2015年数据估算2019年中间品投入数据（见表2）[1]。通过2015年制造业中间投入品计算其含税价值量为897125.02亿元，总投入含税价为11224876584.90亿元，再通过2015年和2017年的总投入增长率近似替代制造业总投入增长率，2015年总投入为20814465144.50万元，2017年为22577335292.36万元，假定每年总投入增长率为 x，可计算出 $x=4.15\%$ [$20814465144.50 \times (1+x)^2 = 22577335292.36$]，将其作为制造业总投入增长率，则2019年的制造业总投入含税价应为1320744.08亿元[$1122487.66 \times (1+x)^4$]，即中间品投入计算出的2019年理论制造业可开具承兑汇票最大值为1320744.08亿元，约为132万亿元，此结果存在两个问题：一是未考虑部分制造业企业中间投入来自第一产业农林渔牧中的部分小规模纳税人，并不具备开具承兑汇票能力而未将其排除；二是上述数据是假定制造业产品均为工业品而并非面向最终消费者，因此可开具承兑汇票，但实际上制造业诸多企业如生产手机、电视等面向最终消费者，而这部分是无法开具承兑汇票的，因此需要将这部分面向最终消费者的制造业数据摘除出去。由于缺乏此类数据，笔者无法具体进行计算，但可以估计出大致范围，采用以下两种方式：

方式（1）：将制造业得出的最终数据去除所有社会消费品零售总额，这种方式无疑会导致结果偏小，2019年社会消费品零售总额为408017.2亿元，因此最终结果为912726.88（1320744.08－408017.2）亿元。

方式（2）：利用制造业中间投入（不计入增加值）数据进行计算，此方法是利用进项税额进行测算，此时2015年制造业中间投入含税价值量为897125.02亿元，同样，用上面计算得出的中间投入增长率 $x=4.15\%$ 近似替代

---

[1] 数据来源：国家统计局数据库（http://data.stats.gov.cn/）。

制造业中间投入增长率，则2010年制造业中间投入含税价应为1055577.36亿元 $[897125.02 \times (1+x)^4]$。

相比于方式（1）而言，方式（2）计算结果更准确一些，因此下面分析采用1055577.36亿元作为计算下限。

方式（2）对结果的影响主要分为两部分：一部分是制造业中间品投入中部分来源于农林渔牧第一产业中的小规模纳税人，而不具备开具承兑汇票能力导致结果偏大；另一部分是未计算制造业增值部分仅以中间品投入的进项税额计算导致结果偏低。

测算结果显示，2019年制造业理论承兑量大约在106万亿元到132万亿元，测算方法（1）中的计算结果（仅计算规模以上制造业企业）为106万亿元，从现有数据来看，笔者无法再进一步精确结果。

表2 制造业中间品投入

指标	2015年（万元）	增值税税率（%）	含税价格（万元）
总投入	10027559414.57	—	11224876584.90
中间投入	8033199794.57	—	8971250214.30
食品、饮料制造及烟草制品业中间投入	720681733.73	9.00	785543089.80
纺织、服装及皮革产品制造业中间投入	529031323.52	13.00	597805395.60
其他制造业中间投入	591120933.45	13.00	667966654.80
炼焦、燃气及石油加工业中间投入	412508395.59	9.00	449634151.20
化学工业中间投入	1523448705.36	9.00	1660559089.00
非金属矿物制品业中间投入	632122240.59	13.00	714298131.90
金属产品制造业中间投入	1556854293.32	13.00	1759245351.00
机械设备制造业中间投入	2067432169.01	13.00	2336198351.00
增加值	1994359620.00	13.00	2253626370.60

数据来源：国家统计局数据库（http://data.stats.gov.cn/）。

表3　工业中间品投入

指标	2015年（万元）	增值税税率（%）	含税价格（万元）
总投入	11670791262.56	—	13057897498.20
中间投入	9321102262.56	—	10402748928.20
采矿业中间投入	692125596.13	13.00	782101923.60
食品、饮料制造及烟草制品业中间投入	720681733.73	9.00	785543089.80
纺织、服装及皮革产品制造业中间投入	529031323.52	13.00	597805395.60
其他制造业中间投入	591120933.45	13.00	667966654.80
电力、热力及水的生产和供应业中间投入	595776871.86	9.00	649396790.30
炼焦、燃气及石油加工业中间投入	412508395.59	9.00	449634151.20
化学工业中间投入	1523448705.36	9.00	1660559089.00
非金属矿物制品业中间投入	632122240.59	13.00	714298131.90
金属产品制造业中间投入	1556854293.32	13.00	1759245351.00
机械设备制造业中间投入	2067432169.01	13.00	2336198351.00
增加值	2349689000.00	13.00	2655148570.00

数据来源：国家统计局数据库（http://data.stats.gov.cn/）。

上海票据交易所数据显示，2019年全年承兑汇票签发量估计值为20.38万亿元，制造业2019年用票量占比30%左右，由此可计算出制造业承兑汇票量约为6.114万亿元[20.38×30%]，与我们计算得出的106万亿元到132万亿元之间存在很大差距，占比仅为理论最大值的5%左右，制造业企业承兑汇票签发仍有巨大的市场潜力。

三、加快发展制造业票据业务的研究

制造业大致分为三类，第一类是轻工业，如食品、饮料、服装、家具、造纸等；第二类是资源加工型工业，如石油化工、橡胶塑料、黑色金属、生物医药等；第三类是机械电子类，如数字机床、交通工具、电子设备、医用器械等。无论是哪一类制造业，行业与生俱来的生产销售周期决定了制造业企业在日常支付结算中普遍存在或长或短的账期。承兑汇票期限设置灵活，票面金额也可根据实际需要而定，与不同类型制造业企业的回款周期契合。制造业企业适度使用承兑汇票作为贸易结算方式可以减少资金占用，扩张商业信用，以实现更好更快的高质量发展。

（一）票据支持制造业的短期融资十分合适

票据既有支付结算功能，也有扩张信用的融资功能，是我国多层次融资体系的一部分。股票、债券、ABS等融资工具只适用于金字塔尖的少数大型制造企业，多数中小制造企业在公开市场没有评级，不适宜在资本市场大规模融资。同样，相对于银行贷款，票据市场基础设施完善，电子票据最长期限达到1年，并且可以自主约定到期期限，通过企业网银签发、流转非常便捷，还可以同开户银行一事一议，满足双方约定的特定条件可获得银行承兑作为信用加持，这些基本属性同中小制造企业的短期融资需求十分契合。同时，依托上下游的真实贸易背景，票据的到期兑付具有自偿性特征，并且对于长期在某家银行进行基础支付结算的制造企业，银行可以获得稳定的大数据以帮助其灵活调整、控制票据信用敞口的比例，尽可能创造条件为制造企业提供短期的流动性支持。综合看来，中小制造业的票据融资比信贷融资的可获得性高，制造业企业在获得金融机构中长期贷款的同时，也可约定配套签发票据实现短期流动性管理需要，长短结合使票据的优势更加明显。

（二）加大对制造业票据承兑、贴现、再贴现业务的发展

我国产业正处于向高端制造业转型的特殊历史时期，我国宏观经济正由出口导向型向内需拉动型消费经济体转变。票据承兑业务应该顺应时代发展的潮

流，各市场参与主体可以抓住转型机遇期，加大在制造业领域发展票据业务。制造业的研发、生产周期普遍偏长，销售回款的速度也参差不齐，金融机构可以根据制造业子行业不同的发展阶段和发展特点把票据承兑业务嵌入制造业企业的日常经营管理流程中，提高票据产品在制造业企业中的普及率和使用率，加快行业资金周转，降低因临时流动性不足而导致的经营困难情况的发生率。

票据市场是我国货币市场的重要组成部分，企业持有的票据在商业银行申请直贴时票据是连接商业银行和实体经济的纽带，信贷属性明显；已贴现的票据在票交所平台流转时票据是商业银行在货币市场相互融通资金的媒介，资金属性明显。目前，宏观经济的困境在于从"宽货币"到"宽信用"之间有很长一段路要走，一方面，流动性淤积在银行间市场使回购利率创下多年来新低，最优质企业发行超短期融资券的利率也屡破新低；另一方面，多数中小企业流动性困难，有敞口的信用贷款可获得性低、成本高。信用分层出现了"冰火两重天"的两极分化现象，"宽货币"需要央行货币政策支持，而"宽信用"则需要金融机构花硬功夫把本职工作做深做细，票据这种可以将实体经济和货币市场连接在一起的特殊功能让其成为央行货币政策向实体经济传导的最优工具之一。商业银行要重视开户结算企业的行业分类工作，把票据资金规模更多地配置在制造业企业贴现业务上，在控制实质风险的基础上尽可能简化中小制造业企业申请贴现的流程，投入行内资源、发挥科技力量开发票据秒贴系统，提高放款效率，优化制造业企业用票体验。另外，要发挥票据转贴现市场流转功能，让制造业企业的票据贴现利率向同期限货币市场利率靠拢，切实降低制造业企业的贴现成本以让利实体经济。

再贴现是央行货币政策工具箱中调节信贷结构的工具之一，可以发挥定向"精准滴灌"的功能，引导货币信贷资金投向，有针对性地解决经济运行中的突出问题。2017年9月，上海票据交易所推出的再贴现业务系统上线运行后，大大提高了人民银行各分支机构再贴现业务的办理效率和灵活性，也为人民银行更精准、高效地发挥再贴现政策引导市场利率和优化资源配置创造了条件。首先，可以考虑进一步扩大再贴现操作规模并调整再贴现利率，督促引导商业银行梳理基础资产，优先选择出票人和贴现申请人是制造业企业的票据作为再贴现操作的前提条件。其次，当前阶段银行间市场流动性宽松，人民银行的再贴现政策可以倾向于小城市商业银行和小农村商业银行承兑的由制造业企业签发的或由制造业企业申请贴现的票据。最后，人民银行可以把再贴现资源向大型制造业企业签发的商业承兑汇票倾斜，鼓励核心制造业企业在其主导的供应链上推广使用商业承兑汇票进行支付结算，有人民银行作为最终再贴现人可以提高供应链上中小企业商业票据融资的可获得性，并能切实有效降低商业承兑汇票的融资成本。

（三）票据是支持疫情后制造业中小微企业发展的有力工具

票据是推动疫情后制造业中小微企业复工复产、复商复贸的有力工具。对于主营业务正常，产品和服务市场前景良好，由于暂时性的资金链紧绷急需短期流动性支持的制造业中小微企业，票据的特殊功能作用在这个时期恰逢其时，也是票据运用于微观产业的最佳实践期。面对经济增速短期快速下行的现实，制造业企业面临宏观需求缩减、资金流紧张的情况，出票企业愿意开票缓解财务上的困难，而收票企业收到票据后也会选择快速支付或变现，票据是非常高效的金融工具。因此，商业银行、企业及相关部门要达成共识，各司其职，各负其责，联动推出相应措施，包括商业银行要适度降低承兑保证金比例、手续费视情适当减免、监管部门对于保证金占存款比例应适度宽松等。制造业企业要积极签发票据解决1年内短期资金的急需，把本来不能流动的应收账款显性化；金融机构应加大对制造业企业类银票和商票的贴现力度，切实提高中小微制造业企业资产负债表中资产端的流动性和变现能力。

（四）票据支持先进制造业发展

先进制造业具有信息化、自动化、智能化、柔性化、生态化的特征，可以为社会带来良好的市场效应和经济效应。监管在积极引导和督促商业银行、保险机构加大对制造业支持力度，强化对先进制造业、高技术制造业、战略性新兴产业领域的金融支持。明确大型商业银行"全年制造业贷款余额增速不低于5%，年末制造业中长期贷款占比比年初提高1个百分点，信用贷款余额增速不低于3%"的"五一三"任务，推动大型银行加大对制造业资源倾斜力度。先进制造业可以挖掘商业承兑汇票的支付属性和融资属性，利用自身的技术优势和产品优势，向上游服务商签发商业承兑汇票，同时金融机构要响应国家号召，积极适应新的监管要求，提高先进制造业企业授信覆盖广度和深度，梳理先进制造业企业的供应链状况，优化先进制造业企业签发商票的贴现流程，降低贴现利率，提高放款速度，争取在未来几年内实质性地提高先进制造业企业的流动性，为落实"把先进制造业企业做大做强"的国家战略贡献一份力量。总的来看，先进制造业具有门槛高、"护城河"宽的特点，又是国家和地方政府现在乃至将来都要重点鼓励扶持的行业，在先进制造业企业中推广使用票据既满足了先进制造业企业支付结算和融资的需求，又丰富了票据市场的参与主体，可以实现先进制造业和票据行业同时健康发展的双赢局面。

（五）加大对制造业标准化票据支持融资

标准化票据是以票据作为底层资产的债券，可以联通票据市场和债券市场，有利于发挥债券市场投资者的专业投资和定价能力，增强票据融资功能和交易规范性。从2020年2月人民银行发布的《标准化票据管理办法（征求意见稿）》中可以看出，标准化票据被定性为货币市场工具，且具备资管新规中"标准化债权资产"的特征和属性，如未来被认定为标准化债权资产，则在投资市场上也将受到包括货币基金和债券基金在内的资管产品的青睐。标准化票据产品的发展有望为制造业企业引入"源头活水"，可以提高制造业核心企业供应链上下游商业承兑汇票资产的流动性。目前，同一制造业企业主体在债券市场发行短期融资券的利率和其承兑的商业承兑汇票贴现利率存在200个基点以上的差价，通过相应存托机构创设制造业企业签发的标准化票据可以降低供应链上中小企业持有核心制造业企业签发的商业承兑汇票的成本，从而进一步为中小企业融资难、融资慢、融资贵等现状纾困解难。

（六）加大对制造业供应链票据支持

2020年4月24日，上海票据交易所发布《关于供应链票据平台试运行有关事项的通知》（票交所发〔2020〕58号），正式明确供应链票据平台依托现有的ECDS，与各类供应链金融平台对接，为企业提供电子商业汇票的签发、承兑、背书、到期处理、信息服务等功能。通过供应链票据平台签发的电子商业汇票简称供应链票据。供应链票据间接解决了传统电子商业汇票不可等分化的弊端，在一定程度上为票据本身的标准化作了铺垫。上海票据交易所可以鼓励优质制造业核心企业自建供应链平台，先行接入上海票据交易所系统，并且后续优先考虑用制造业供应链平台上线票据质押融资、贴现、转贴现、再贴现、供应链票据跨供应链平台流转等新功能。供应链票据依托供应链金融中核心企业信用，金融机构可以适度提高对优质核心制造业企业的授信敞口，研究切实可行的针对供应链票据融资的服务方案，提高供应链票据的普及程度和流转效率。

（七）加大对制造业应收账款票据化融资支持

2019年6月，中国人民银行行长易纲在"陆家嘴金融论坛"上提出推动应收账款票据化，是完善上海国际金融中心建设的重要推进事项之一。制造业企业的账期普遍偏长且应收账款占资产总额的比例高，直接导致中小制造业企业短期流动性紧张，部分制造业企业在财务压力下被迫进行民间融资。

应收账款和商业承兑汇票在制造业供应链上使用场景相似，两种业务都依托核心制造业企业服务上下游中小微客户，旨在促进整个供应链制造业企业发展、提升生态圈实力、推动产业集聚、加快制造业转型升级。长期以来，应收账款确认、流转比较困难，保理的成本也比较高。而商业汇票具有法律体系完善、基础设施先进、全流程电子化操作、期限灵活、流转和融资、交易均比较方便的优势。以商业银行为代表的金融机构要努力搭建内部票据业务系统平台、缩短决策流程、突破信贷业务属地化管理的制度瓶颈，尽早实现对优质核心制造业企业的授信全覆盖，针对不同制造业细分领域的特殊情况区别对待，争取在摸索中尽快实现风险定价，真正做到电子商业汇票的流通和融资比应收账款更方便、成本更低，并达到银企双赢式的高质量可持续发展。

（八）加大对制造业承兑融资的风险控制

风险表面是外部环境问题，核心是风险观、业绩观、发展观问题，是风险管理体制与业务发展不尽适应的问题。"重盈利、轻风险""重指标、轻管理"的问题需要在支持制造业转型升级的过程中进一步根除，坚持审慎经营的理念，坚持业务发展与风险管理能力相适应，持续推进精细化管理（肖小和等，2015）。金融机构的授信审批部门需要投入人力、物力、财力做好制造业企业签发的电子商业汇票的票据评级这项基础工作。评价承兑的制造业企业定性指标应参照企业主体（商票出票人）公开市场信用评级和金融机构内部评级，考虑到商票到期期限较短，定量指标的评价方法与商票出票人信用评级应有所区别，制造业企业短期偿债能力和盈利能力应是考察其最终票据兑付能力的重点，故在上述两部分指标的选项设置及评分权重上将给予一定倾斜。完善票据评级事项后，可以建立制造业企业白名单数据库，进一步确定对某个制造业企业的授信额度，并在票据管理系统中实时显示剩余额度，进而有效控制最大风险敞口。同时，利用人民银行征信系统和金融同业交流会排摸白名单内制造业企业在其他金融机构的授信使用情况，严防部分制造业企业超越自身兑付能力无序签发商票的风险事件发生。

参考文献

[1] 顾强，王瑞妍，童瑞青，等．美国到底有没有产业政策？——从《美国先进制造业领导战略》说起 [J]．产业经济评论，2019(3)：113-124.

[2] 杨伟民．制造业比重过快下滑需高度重视 [J]．中国经济信息，2018(22)：40-43.

[3] 肖小和，张蕾，王亮．新常态下票据业务全面风险发展趋势与管理 [J]．上海金融，2015(6)：89-92.

基于上市银行2020年年报的票据业务发展探究

王绪刚 [1]

[摘　要]　本文以A股、H股上市内资商业银行2020年年报为样本，考察银行票据业务的经营情况、业务重点和形成原因，分析票据行业整体发展特征，并提出积极构建高效组织架构、紧抓科技赋能机遇、依托产业链挖掘商票价值、运用大数据加强风险管控的政策建议。

[关键词]　上市银行　票据　产业链　金融科技

上海票据交易所（以下简称票交所）成立以来，商业汇票（以下简称票据）业务日新月异，对实体经济支持力度稳步增强。首先，推出"贴现通"、"票付通"、供应链票据、标准化票据等直达实体创新产品，提升了票据的支付功能和融资服务能力。其次，票据市场与金融科技融合，从客户营销、业务流程、风险管理等全方位升级换代，开发了秒开、秒押、秒贴等秒级产品，促使票据业务焕然一新，为金融市场注入了新的活力。最后，搭建了中国票据交易系统，促成二级市场票据交易电子化、线上化、场内化，将票据交易操作风险降至最低。

---

① 作者简介：王绪刚，供职于珠海华润银行。

一、背景分析

近年来，人民银行等部门的诸多支持为票据市场送来了政策东风。在产品创新方面，人民银行发布了《商业承兑汇票信息披露制度》《标准化票据管理办法》《票据交易管理办法》，规范商票信息披露、标准化票据业务和票据市场交易。在宏观政策方面，2020年9月，人民银行等八部门联合下发《关于规范发展供应链金融 支持供应链产业链稳定循环和优化升级的意见》，支持供应链票据平台建设和标准化票据业务发展；2021年2月人民银行济南分行联合山东省财政厅、工信厅发布《关于强化财政金融政策融合促进供应链金融发展的通知》，2021年4月，人民银行营业管理部联合北京银保监局、证监局、金融局发布《金融支持北京市制造业转型升级的指导意见》，2021年5月人民银行长沙中心支行联合湖南省十三部门出台《关于促进湖南省供应链金融规范发展的若干措施》，旨在推动应收账款票据化、供应链票据平台和标准化票据业务，发挥核心企业供应链龙头作用，用好商票工具、贴现融资功能和再贴现专用额度。

学者关于商业银行票据业务的研究主要聚焦于竞争战略分析和发展策略分析。在业务竞争战略方面，曾一村和汪武超（2014）基于波特竞争战略的五力模型和SWOT框架分析票据承兑、贴现和转贴现业务，提出国有商业银行宜采用成本领先战略、股份制商业银行宜采用差异化战略、城市商业银行宜采用集中化战略、外资银行宜采用集中化和成本领先相结合的战略。陈伟（2016）以第三梯队某城市商业银行为例，运用PESTEL、波特五力模型、SWOT框架分析得出该行应选择集中差异化竞争战略。在业务发展策略方面，季光辉（2016）分析了银行票据业务发展趋势及收益提升策略，将银行票据业务模式区分为综合经营型、专注直贴型、交易获利型、通道获利型。王琳（2019）分析了监管环境变化、票交所上线、税制改革对票据业务的影响，建议新时期商业银行票据业务发展应该建立票据专营机构统筹业务发展、着力打造票据综合服务产品、打造专业转贴现交易团队、加强业务管理，以及警惕业务风险。曾红（2019）基于我国票据市场的认识分歧，建议中小银行立足票据信用风险管理、增强服务实体经济能力、合理运用票据高流动性和盈利性特征。为进一步研究商业银行票据业务详细经营情况和整体发展趋势，笔者以A股、H股上市内资商业银行2020年年报数据为样本基础，考察各个银行群体、票据品种、业务重点、营销渠道和创新产品的变化情况，从服务实体经济和银行业务经营视角提出政策建议。

二、票据业务经营情况分析

为探究银行机构票据业务、行业和市场的发展情况，同时考虑数据真实性、可得性和全面性，笔者选取A股、H股上市的54家内资银行为样本，以2020年年报为基础对票据业务进行全面分析。从银行上市情况来看，A+H股上市银行15家、单一A股上市银行23家、单一H股上市银行16家；从机构类型来看，涵盖6家国有商业银行、8家股份制商业银行、30家城市商业银行和10家农村商业银行；从业务比重来看，上市银行2020年末合计贷款余额占银行业的70%，合计银票承兑余额占全市场的69%，合计贴现余额占全市场的60%。综合以上因素，上市银行群体具有较高业务代表性和市场影响力。为便于分析研究，笔者将上市银行分为国有商业银行、股份制商业银行、城市商业银行和农村商业银行4个小组，针对银行承兑汇票、贴现、再贴现、票据回购、票据资管投资5项业务，从自身同比、同类业务占比和收益率变化等角度进行分析，旨在窥斑见豹，探究行业变动趋势及背后成因。

（一）银行承兑汇票业务分析

表1　银行承兑汇票业务经营数据

单位：%

银行分类	2019年承兑市场份额	2020年承兑市场份额	2020年承兑余额同比增长率	2020年表外余额同比增长率	2019年承兑/表外	2020年承兑/表外
国有商业银行	19.37	21.02	20.37	7.54	9.45	10.57
股份制商业银行	51.55	50.41	8.47	10.97	36.65	35.83
城市商业银行	27.40	26.94	9.08	13.54	48.95	47.03

续表

银行分类	2019年承兑市场份额	2020年承兑市场份额	2020年承兑余额同比增长率	2020年表外余额同比增长率	2019年承兑/表外	2020年承兑/表外
农村商业银行	1.69	1.63	7.03	13.68	37.46	35.27
总计	100.00	100.00	10.92	9.62	24.62	24.91

注：因四舍五入，承兑市场份额总计不为100%，下同。
数据来源：Wind数据库、中国人民银行官网和票交所官网。

　　表外业务指银行年报中的信贷承诺，包括银行承兑汇票、保函、信用证、贷款承诺和信用卡信用额度。表1数据说明：第一，股份制商业银行占据市场最大份额且继续增长，农村商业银行市场份额最小；第二，国有商业银行承兑余额2020年同比大幅增长20.37%，超过表外业务增长率12.83个百分点；第三，国有商业银行承兑业务占表外业务比例比其他三类低约30%，且2020年同比小幅增长1.13%。分析原因如下：其一，国有商业银行和其他类型银行处于银行承兑汇票业务的不同发展阶段，股份制商业银行和城市商业银行该类业务已经成熟、规模稳定，但国有商业银行正处于业务上升期；其二，2020年3月人民银行发布《关于加强存款利率管理的通知》对结构性存款进行约束，全年压降规模近5万亿元，显著制约了套利票据业务，从而对股份制商业银行和城市商业银行银行承兑汇票业务产生负面影响。

（二）贴现及转贴现业务分析

表2　贴现及转贴现业务经营数据

单位：%

银行分类	2019年贴现市场份额	2020年贴现市场份额	2020年贴现同比增长率	2020年贷款同比增长率	2019年贴贷比	2020年贴贷比	2020年贷款利率	2020年贴现利率	贷款与贴现利差
国有商业银行	49.85	41.20	−12.77	11.50	3.45	2.70	4.32	2.62	1.70
股份制商业银行	34.07	38.37	18.87	12.71	6.13	6.47	5.29	2.76	2.53
城市商业银行	13.89	17.61	33.87	16.03	5.61	6.47	5.54	3.06	2.47
农村商业银行	2.19	2.81	35.71	18.95	6.10	6.96	5.52	2.60	2.92
总计	100.00	100.00	5.55	12.40	4.38	4.11	4.71	2.75	1.96

数据来源：Wind数据库、中国人民银行官网和票交所官网。

贴现资产余额包括直贴余额、转贴现余额，贴贷比即贴现资产占贷款资产比例。表2数据说明：第一，国有商业银行和股份制商业银行占据贴现市场绝对主导地位，市场占比约80%；第二，国有商业银行贴现余额和贴贷比均显著下降，但其他三类均显著上升，尤其是城市商业银行和农村商业银行贴现资产同比增速分别高于总体贷款增速18个百分点和17个百分点；第三，国有商业银行贷款利率和贴现利率均低于其他三类银行；第四，贴现利率平均低于贷款利率1.96%，其他三类银行利率差更大，最高至2.92%。分析原因如下：其一，国有商业银行由于资金成本较低、整体信贷规模较大等原因以持票收息业务模式为主；其二，城市商业银行信贷规模稀缺、资产收益要求较高、资金成本较高，且贴现资产属于交易性资产，所以以票据流转交易为主；其三，2020年疫情来袭，国有商业银行具有良好客群基础和机构网络而加大了一般信贷投放，而其他类型银行机构则降低风险偏好，提高了贴现资产比例。

（三）再贴现业务分析

表3　再贴现业务经营数据

银行分类	银行数量（家）	2019年再贴现余额（亿元）	2020年再贴现余额（亿元）	2020年市场份额（亿元）	同比增长率（%）
股份制商业银行	4	1873.33	1367.26	93.84	−27.01
城市商业银行	4	6.00	82.70	5.68	1278.33
农村商业银行	1	13.00	7.00	0.48	−46.15
总计	9	1892.33	1456.96	100.00	−23.01

数据来源：Wind数据库、中国人民银行官网和票交所官网。

再贴现业务是指由银行与当地人民银行开展的票据质押式回购业务，重点支持"三农"、高新技术类、小微企业融资发展，一般年报合并在中央银行借款项目披露，9家银行对该项目进行了详细说明、国有商业银行均未披露，近两年已披露再贴现业务量占全市场比例为40%和25%。表3数据说明：第一，股份制商业银行再贴现市场份额为94%，全市场最高；第二，2020年城市商业银行再贴现业务同比增长近13倍，其他两类机构同比下降。分析原因如下：其一，2020年受到疫情影响，人民银行投放近万亿元再贴现额度精准支持实体经济发展，十年来首次下调再贴现利率25个基点至2%，全市场再贴现业务量稳步增长；其二，2020年受到疫情影响和第四季度城投主体信用风险事件，人民银行给予市场一定流动性支持，年末隔夜资金利率在1.0%左右，再贴现资金吸引力下降，导致股份制商业银行再贴现余额同比略降；其三，城市商业银行作为地方重要金融机构，较好地发挥了支持实体经济的作用，对再贴现货币政策支持力度大幅提高。

（四）票据回购业务分析

表4 票据回购业务经营数据

银行分类	2020年逆回购市场份额（%）	2020年正回购市场份额（%）	2020年逆回购增长率（%）	2020年正回购增长率（%）	2019年回购净额（亿元）	2020年回购净额（亿元）
国有商业银行	83.20	12.11	−5.00	−56.21	3023.15	3557.45
股份制商业银行	4.60	48.85	46.49	6.32	−2067.35	−2135.20
城市商业银行	10.70	33.27	1.37	2.07	−1051.45	−1076.94
农村商业银行	1.50	5.77	23.25	22.37	−167.56	−204.51
总计	100.00	100.00	−2.43	−9.84	−263.21	140.80

数据来源：Wind数据库、中国人民银行官网和票交所官网。

票据回购业务包括买入返售（逆回购，融出资金）和卖出回购（正回购，融入资金）业务，回购净额即逆回购金额减去正回购金额。表4数据表明：第一，国有商业银行为票据市场资金主要提供方，股份制商业银行和城市商业银行为票据市场资金主要需求方，农村商业银行整体业务量较小；第二，2020年国有商业银行正回购业务大幅萎缩，而股份制商业银行逆回购业务则大幅增长，农村商业银行的逆回购和正回购业务均进一步增长。分析原因如下：其一，国有商业银行资金渠道较多、资金成本较低，主要向市场融出资金、提供市场流动性，而股份制商业银行和城市商业银行则反之；其二，国有商业银行、股份制商业银行和城市商业银行票据回购业务模式成熟，并且进一步固化，而农村商业银行票据回购业务则逐渐兴起、市场份额逐步扩大。

（五）票据资管投资业务分析

表5　票据资管投资业务经营数据

银行名称	规模分类	2019年票据资管余额（亿元）	2020年票据资管余额（亿元）	同比增长率（％）	贴现资产占比（％）
已披露银行	4家股份制商业银行	4624.34	3121.25	−32.50	22.21
全市场合计	—	5640.00	4224.46	−25.10	4.81

数据来源：Wind数据库、中国人民银行官网和票交所官网。

票据资管投资业务即通过自有资金投资资产管理计划，并在二级市场投资票据，全市场合计数以票交所已贴现未到期票据余额与人民银行票据融资余额之差为代表，其他为银行年报公布数据。表5说明：第一，已披露年报中仅有4家股份制商业银行进行了该业务的披露，近两年其市场合计份额分别为82%和94%；第二，整体票据资管投资业务同比下降。分析原因如下：其一，该4家股份制商业银行创新性开展票据业务，大幅提升了企业融资支持能力；其二，由于标准化票据的广泛开展，非标类的票据资管投资市场将逐步退出历史舞台。

综上所述，上市银行在票据业务中具有良好引领作用和重要市场影响力，在票据产品创新、贯彻落实货币政策、支持实体经济发展等方面作出了积极贡献。

三、票据市场发展特征

2020年，票据市场快速发展，呈现出整体规模稳健增长、商票业务比重快速提升、全产品链条经营一体化、操作流程智能化、营销渠道线上化、产品创新提速等特点。

（一）整体业务规模稳定增长

票据业务起始于支付，发展于融资，繁荣于交易。支付环节，票据为企业货款交付、贸易流通和供应链发展提供较好载体，既延长了账期、支持了货物结算，又简化了支付凭证确认流程，且便于后续流通转让，大幅降低小微企业交易成本。融资环节，银行通过票据产品为企业提供便捷融资渠道，包括依托核心企业信用的商票和银行信用的银票，结合金融科技实现线上化、电子化、自动化、智能化，有力地支持了疫情防控、"三农"发展、高新企业和再贴现货币政策执行。票据二级交易市场，作为短期贴现式电子凭证，具有高流动性、低风险性和相对高收益性特征，日益成为银行机构流动性管理、信贷规模调剂和盈利的重要工具。票据市场各项业务发生额和余额数据也作出了较好的说明。从上市银行2020年票据业务余额来看，支持实体经济融资的票据业务快速增长、资金交易类小幅下降，整体承兑余额同比增长11%、贴现余额同比增长6%、回购余额同比下降6%。从票交所2020年业务发生额来看，所有票据业务同时增长、票据交易市场非常活跃，承兑业务增长8%、背书业务增长2%、贴现业务增长8%、票据交易增长26%。

（二）商票业务比重快速提升

商业承兑汇票依托核心企业信用进行支付流转，较好地发挥了产业链作用和企业信用价值。2020年在承兑出票环节，商票签发3.62万亿元，同比增长20%；商票签发金额占承兑比例为16%，同比上年提升2个百分点。在贴现环节，商票贴现发生1.03万亿元，同比增长10%，高于银票增长率2个百分点。同时，多家银行机构聚焦商票业务，从营销渠道、产品模式、信贷资源等方面加大投入和研发，其中招商银行商票贴现发生1057亿元，同比增长109%，市场占比从5%提高到10%。

（三）业务操作流程自动化

人民银行2016年发布《中国人民银行关于规范和促进电子商业汇票业务发展的通知》（银发〔2016〕224号）以来，电子商业汇票（以下简称电票）占比快速提升，到2018年末占比超过98%；同时金融科技兴起，从企业身份识别、业务审批、业务出账、大数据校验等方面，为业务开展带来了巨大的变化，最重要的就是票据业务全流程自动化。根据年报统计，截至2020年末，16家上市银行推出了自有品牌的自动贴现产品和票据综合品牌，其中包括5家国有商业银行、6家股份制商业银行、5家城市商业银行，具体如表6所示。

表6 票据自动化产品情况

序号	银行名称	贴现产品	综合品牌
1	工商银行	工银e贴	—
2	建设银行	E信通贴现	—
3	中国银行	票e贴	—
4	交通银行	蕴通秒贴	—
5	邮储银行	邮e贴	—
6	招商银行	银票通、商票通	票据大管家
7	中信银行	信秒贴	—
8	浦发银行	在线贴现	—
9	民生银行	票融e	—
10	兴业银行	兴e贴	—
11	平安银行	在线贴现	企业信用卡
12	江苏银行	线上票据贴现	—
13	浙商银行	在线贴现	涌金票据池
14	宁波银行	极速贴现	—
15	长沙银行	快乐E贴	—
16	苏州银行	速贴通、信e贴、链e贴	票据e管家

数据来源：上市商业银行2020年年报。

通过全流程自动化开展票据业务可以实现多方共赢。第一，企业无须频繁到银行物理网点沟通业务，以及重复提交各式各样证明材料，降低了企业融资成本，提高了融资便利性；第二，银行机构通过自动化业务流程，业务成本降低、业务效率提升、标准化程度提高、风险管控能力增强，也大幅提升了客户满意度；第三，监管机构对票据的业务模式、流程控制、风控模型，进行线上化的事前评估、事中监测和事后评价，提高了监管时效，丰富了业务指导意义。

（四）营销方式和操作渠道线上化

传统票据业务均通过线下在网点办理，由客户经理收集材料、逐级上报审批和放款。在电票时代，则兴起了多种票据业务营销方式和操作渠道，线下模式快速沉寂。在业务操作渠道方面，客户可以在Web端企业网银、App端手机银行、微信小程序发起票据业务申请；在业务营销方式上，上述渠道之外还有微信公众号、抖音、快手和直播平台等。如招商银行率先开发手机银行票据贴现，江苏银行应用区块链技术办理了不开户跨行贴现，平安银行在微信视频号宣传贴现业务，宁波银行在微信直播平台宣传贴现业务。线上营销和操作票据业务具有重要价值，第一，企业票据业务申请的线上化操作大幅减少了线下的企业与银行人员接触，甚至达到零接触，为2020年抗击疫情贡献了票据市场的一份力量；第二，票据主动拥抱金融科技和新兴渠道，自我革新、不断迭代、主动融合，发挥了先行先试模范作用，为其他金融产品作出了表率。

（五）全产品链条经营一体化

银行机构内部一般按照客群划分为金融市场部门和公司金融类部门。第一，直接服务企业的票据产品划分在一个或多个公司金融类部门，如银票承兑、商票承兑、企业背书、质押；第二，主要用于在金融机构间交易的产品划分在金融市场部门，如票据再贴现、转贴现交易和回购交易；第三，贴现业务虽然服务企业融资，但伴随着金融科技发展赋能，以及人民银行2016年224号文明确电票贴现无须提供合同发票，进一步简化了贴现流程，产品日益标准化、线上化、交易化，逐渐从公司部门向金融市场部门转移；第四，创新票据产品较为繁杂，包括票付通、贴现通、供应链票据和标准化票据，一般划分在创新动力较强的金融市场部门。由于票据自身的凭证法定、电子化、标准化、集中交易等特征，以及票据产品快速发展带来的专业化要求、向客户提供综合化票据服务的需要，大量银行内部开始逐步整合、集中管理票据产品。如大集中形式，招商银行总分行均设立票据业务部，统筹管理全行所有票据业务运营、票据系统开发和对内对外沟通交流，其各项票据业务排在市场第一梯队，"票据大管家"业务享有盛誉，该模式还包括平安银行、宁波银行；小集中形式，工商银行在全国首家设立票据营业部持牌机构，并开设八大票据营业分部，管理全行票据贴现、再贴现、转贴现和回购交易，全市场业务量排名第一，支持票交所开发多个票据系统项目，该模式涵盖大部分银行机构。票据业务通过集中经营管理，提升产品专业度、降低内外部沟通成本、统一票据品牌形象，为票据业务市场稳健发展作出了模范表率。

（六）产品创新提速

票交所依托ECDS和中国票据交易系统，推动票据市场发展，畅通票据支付渠道，创新票据融资模式，联合银行机构推出一系列具有重要意义的票据产品。第一，票付通服务于互联网企业现实交易和票据支付，发挥"票据支付宝"的作用；第二，贴现通服务于企业贴现融资，由票据市场专业经纪服务机构全市场比价、比量，真正实现"让天下没有难贴的票据"，目前全市场有5家持牌机构（工商银行、招商银行、浦发银行、浙商银行、江苏银行）开展了业务，截至2020年末累计服务8000家企业，达成交易28000笔、金额470亿元；第三，供应链票据通过供应链金融平台签发及票交所系统提供基础服务，可自由拆分至最低0.01元，同时配套了质押、贴现、再贴现等业务，能够有效解决企业"三角债"、票据拆分和民间应收账款电子凭证监管空白等问题；第四，标准化票据通过原始持票人、存托机构、投资者三个重要角色，联合票交所和上海清算所两大机构，连接中小型融资企业和银行间市场丰富的投资者群体，建立了良好的票据市场和银行间市场流动机制，截至2020年末累计创设58只产品、金额61.67亿元。

总体而言，上市银行2020年在票据业务方面可谓百花齐放、万物争春，涌现出平安银行的"票据信用卡"、浙商银行的"涌金票据池"、招商银行的"票据大管家"、邮储银行的"一体化票据管理"和各行必备秒贴产品等模范案例，促进了票据市场的蓬勃发展。

四、政策建议

基于以上分析，从服务实体经济和银行业务经营的视角，笔者认为应积极构建高效组织架构、紧抓科技赋能机遇、依托产业链挖掘商票价值、运用大数据加强风险管控，推动银行票据业务经营的高效产出和票据市场蒸蒸日上。

（一）合纵连横，建设高效组织架构

票据业务产品众多，分散在不同条线和部门管理，包括公司条线的公司金融部、交易银行部、中小企业部、机构业务部，以及金融市场条线的金融同业部、投资银行部等，票据的职能割裂导致多头管理、多头营销，缺乏综合性专业能力。建议采取如下措施：第一，横向票据产品线集中管理，从票据源头抓起，将承兑、贴现、质押、转贴现、供应链票据、标准化票据等产品集中管理，统一业务标准、减少部门摩擦，突出票据业务条线的纵向营销推动与指导管理职能。第二，纵向业务链条集中运营，设立票据事业部，涵盖前台的营销管理、产品研究与创设、二级市场交易，中台的票据授信额度审批、风险管理与放款审批，以及后台的运营操作和科技研发支持，促进票据的投研转化、缩短决策流程、施行票据业务全面风险管理。第三，统一对客提供综合票据服务，整合所有票据产品方案，打通票据业务所有道路节点，为客户提供更多选项和增值服务，解决客户需求痛点，提升用户体验。第四，统一宣传、提升票据品牌形象，从各自为政、各说各话，到统一口径、统一话术、统一标识、统一方案，产生"1+1>2"的推动效果，形成票据业务最大合力。

（二）抓住机遇，科技赋能业务发展

我们正处于工业4.0时代，各项新技术扑面而来，如5G技术、3D打印、物联网、云计算、人工智能、量子技术、工业机器人等。票据作为金融行业标准化程度最高的产品之一，也将因此脱胎换骨。第一，线上化，即全面建立线上化营销渠道、流程操作平台、数据处理平台和业务监控平台，减少线下人工流程和人工干预，舍弃传统的纸质签批、纸质档案、手工报表统计等烦琐流程。第二，智能化，通过金融科技实现数据的整合、流程的统一、标准的制定，提高处理规模、业务效率、客户体验，降低延误成本和操作风险，如个别机构贴现业务已经实现从授信、申请到放款全流程的线上化、自动化、智能化、零人工干预业务模式。第三，开放式，麦肯锡2019年6月发布报告《开放银行的全球实践与展望：打破藩篱、合作共赢》，提出"银行在开放自身服务和数据的同时，也能通过数据聚合、产品创新等方式与合作伙伴一起获得新客户、增加客户触点、打造创新业务和提升客户体验"。票据天然与供应链贸易场景相结合，票据市场各参与方将在资金、资产、信息、服务等方面共生共存、各展所长，形成自身业务优势和长期价值。招商银行"财富开放平台"提供智能运营、智能风控等服务，吸引近40家市场公募和私募基金公司在线销售产品，为银行开放式运营提供借鉴。

（三）服务产业链，深入挖掘商票价值

中国人民银行行长易纲2019年6月在"陆家嘴金融论坛"上提出要推动应

收账款票据化。票交所副总裁孔燕（2020）提出应收账款不利于保护债权人利益、不易流转、存在难以确权的天然缺陷，电子应收账款凭证造成监管套利，建议推动应收账款票据化、供应链票据平台建设和票据等分化改造。人民银行杭州中支、人民银行上海总部、南京分行、合肥中支2020年4月联合发布《关于印发〈长三角地区电子商业承兑汇票推广应用工作方案〉的通知》（杭银发〔2020〕58号），推进电子商业承兑汇票在长三角地区的应用，便利民营企业、小微企业结算融资，并提出十条举措：推进商业承兑汇票电子化处理；建立电子商业承兑汇票重点推广企业名单库；创新电子商业承兑汇票业务形式；建立健全企业信用评价体系；推荐"票付通"业务应用；稳步推进"贴现通"业务试点；开展应收账款票据化试点；加大对电子商业承兑汇票再贴现支持力度；构建安全高效的票据流通环境；加大对违规行为的惩戒力度。

从银行票据业务经营的角度建议采取如下举措：第一，倾斜资源，突破限制，加大投入。以核心企业信用为基础简化审查、审批、放款流程，加大信贷、财务和人力资源投入，为客户提供物美价廉的综合票据金融服务。第二，依托核心企业，发挥企业直接信用价值。核心企业一般是行业翘楚，居于整个产业链的中心地位，对整个产业发展具有敏锐的洞察力、深远的影响力，其直接信用（应付账款、承兑票据）和间接信用（应收账款、持有票据）都具有重要价值。通过商票产品贯穿于整个产业链，既可直接用作支付交易，又可进行快捷银行融资，形成银行高收益、低风险、高流动性资产。第三，融入产业链，用好商票功能。金融依托产业，二者相辅相成。很多大型企业自建供应链金融平台，如中企云链、TCL简单汇、欧冶金服，开展电子应收账款凭证的流转和融资，具有丰富的产业客户资源；同时，每个产业都有其自身发展规律、经营特点和风险特征，如周期性产业的起起落落、供给侧结构性改革、房地产经营周期等。商票业务经营需充分挖掘产业链资源，深入理解产业链知识，建设核心企业商票信用体系，用好商票信息披露政策，将业务开展、风险管控与供应链经营相融合，真正与产业共同发展。

（四）用好大数据，构建风控有力抓手

麦肯锡对大数据的定义为：一种规模大到在获取、存储、管理、分析方面大大超出了传统数据库软件工具能力范围的数据集合，具有海量的数据规模、快速的数据流转、多样的数据类型和价值密度低四大特征。对于银行票据经营，大数据包括海量的企业基本信息数据、企业经营数据、企业融资数据、企业管理行为数据、企业集聚形成的产业数据等，且存在数量庞大、分布广泛、性价比低、开发程度低等特点。风险管控需要从这些大数据中挖掘信息，对企业特点、经营、信用等进行用户画像，开展实时监测，动态分析票据业务风险状况。

票据业务风险管控在大数据应用方面已经开展了一些有益的探索。具体包括：第一，将票据系统与供应链系统、ERP系统、银企直连系统对接，实时获取企业财务数据和非财务信息，彻底解决贸易背景真实性问题，大幅提升风险管控能力，发挥商业承兑汇票的重要价值。第二，将票据系统与国家工商信息数据库、增值税发票数据库，以及企业社保、水电燃气等系统对接，从权威部门获取企业经营情况，进行企业风险分析。第三，对接获取行业数据、产业数据、上下游产业数据、各类商品原材料价格数据，以及企业的经营数据、生产数据、各类收入费用数据，还有企业高管、关键技术人员日常生活数据，在确保信息安全的前提下，将这些非结构化数据转换为可分析的机构化数据，建立征信模型，全方位、智能化分析企业经营状态、融资业务需求与风险程度，为银行经营票据业务提供坚实的业务基础。

在票交所的引领下，票据市场发展有条不紊、欣欣向荣，商业银行实干担当、争先创优，通过银票承兑、贴现融资、再贴现等产品支持实体经济发展，充分利用两增两控、普惠涉农政策满足处于产业链弱势群体的中小微企业融资需求，在疫情防控和经济恢复过程中发挥了重要作用。未来，票据市场将与金融科技、人工智能、大数据、云计算等新兴技术紧密结合，依托产业、服务企业、回馈社会，为小微企业发展壮大、实体经济转型发展提供坚强的后盾。

参考文献

[1] 陈伟．城市商业银行票据业务竞争战略研究——以 J 银行为例 [D]．南京：南京大学，2016：1-66.

[2] 季光辉．银行票据业务发展趋势及收益提升策略 [J]．金融与发展研究，2016 (10)：86-88.

[3] 孔燕．协同推动应收账款票据 [J]．金融市场，2020 (6)：48-50.

[4] 宋汉光．区块链在数字票据中的应用 [J]．中国金融，2018 (10)：42-43.

[5] 舒海棠，沈沉．新业态下我国商业银行票据业务创新发展问题探讨 [J]．金融与经济，2017 (7)：64-68.

[6] 王琳．新时期商业银行票据业务发展研究 [J]．中国市场，2019 (25)：40-41.

[7] 王文静．中小银行票据业务创新——以浙商银行涌金票据池为例 [D]．南昌：江西财经大学，2019：1-61.

[8] 曾一村，汪武超．我国商业银行票据业务竞争战略选择 [J]．上海金融，2014 (12)：63-58.

[9] 曾红，我国中小商业银行票据业务发展策略研究 [J]．全国流通经济，2019 (33)：148-151.

通过跨境票据业务提升外贸水平
与增强人民币国际化竞争力的研究

黄　维①

[摘　要]　2020年，中国进出口贸易额已突破32.16万亿元，中国经济的国际影响力在逐步增强。然而，中美经贸摩擦对两国及全球经济造成了负面影响。为进一步破解贸易壁垒、增强我国外贸企业的国际竞争力，跨境票据业务关注度上升。本文通过研究票交所成立以来的全新票据市场结构，并从我国外贸和中美经贸摩擦的实际情况出发，初步测算了跨境票据对汇率、经贸等领域可能产生的积极和消极影响。经研究发现，跨境票据对增强我国企业国际竞争力，拓宽离岸人民币融资渠道，推进人民币国际化，助力"一带一路"沿线国家经济，促进国际金融中心建设具有积极意义。基于上述研究，文章提出了依托票交所基础设施和自贸区金融体系，构建从半离岸跨境到全离岸市场为核心的跨境人民币票据市场构想，以期逐步形成境内基于真实贸易下的以支付功能为主的在岸市场，和境外基于融资属性的离岸市场两大体系，拓宽境外企业离岸人民币融资渠道，并依托中国庞大外贸额，增强我国人民币国际话语权，增强我国外贸优势地位，推进人民币离岸中心建设与发展。

[关键词]　跨境票据　离岸市场　人民币国际化　跨境贸易

---

① 作者简介：黄维，供职于中票信息技术（有限）公司。

一、引言与文献综述

近年来，中美经贸摩擦阻碍并影响我国外贸经济，中资企业的海外利益受损。面对严峻挑战，跨境票据的地位关注度上升，学术界对此研究也逐步增多。跨境票据能助力中国企业国际竞争力的提升，提升人民币国际化水平，促进"一带一路"沿线国家整体经济利益升级。商业汇票给企业带来很大便利，它既可满足企业资金周转需要，又能增进商业信用，降低企业融资成本。2016年12月上海票据交易所（以下简称票交所）成立至今，票据的电子化逐步完成，并于2019年创设了票据标准化资产工具，新模式的落地和设施的不断完备，为跨境票据市场创立提供了有利条件。2016年以来，国内学术界对票据的创新研究，主要集中在业务模式和科技创新两个方面。

表1　近三年票据领域发展大事记

时间	大事记
2018年10月	票交所实施了纸电交易融合，纸票和电票的交易场所完成了统一
2019年1月	票交所"票付通"产品上线。基于B2B电商、供应链场景，提供线上票据支付服务，支持票据签发、企业背书，完成线上票据支付，解决了票据支付道德和操作风险问题
2020年1月	上线试运行商业汇票信息披露平台，商业汇票承兑机构可通过平台披露票据相关信息
2020年4月	供应链票据平台成功上线试运行。当日，共有17家企业签发供应链票据17笔、104.42万元，2家企业背书流转供应链票据3笔、5.1万元
2020年9月	人民银行等八部门联合发布《关于规范发展供应链金融　支持供应链产业链稳定循环和优化升级的意见》（银发〔2020〕226号），明确提出要"加快实施商业汇票信息披露制度""提升应收账款标准化和透明度"，支持供应链票据发展和标准化票据融资

从表1发展可以看出，市场基础设施不断完善。部分国内学者的研究重点落到业务创新上，认为票据作为金融市场重要的投融资工具，操作灵活，信用担保层级较高，同时又兼具融资和支付属性，能运用在国内企业间之外的跨境贸易领域。例如，关于自贸区银行的电子票据如何参与境外人民币支付业务的

研究（汪办兴，2015），"跨境电商＋商超票据池＋BPO"组合问题的分析研究（林清胜和高洁，2016），跨境票据业务如何借鉴"债券通"方面的研究（张艳宁和吴思行，2017）等。另一部分学者则认为，仅业务创新是不够的，还需结合体系制度的完善，体系制度建设是票据市场发展的基础，业务创新是基于制度的演进。例如，把握大湾区跨境票据发展机遇，认为跨境票据在湾区具有很强的市场前景（谢浴华和曾胜，2019），"一带一路"建设为跨境票据提供了蓬勃发展的可能性（张艳宁，2017），发展跨境汇票会受到融资成本与融资渠道的影响，发展业务的前提是区内存款规模化和跨境人民币的低利率化（邓伟伟，2016）。在技术领域，学者研究主要集中于运用区块链技术落实票据风控及监管方面。例如，区块链技术在商业银行票据管理方面的优化研究（朱佩君，2017），区块链票据法律性质方面的研究（李爱君，2019），区块链追溯融资性票据监管问题的研究（黄维，2019）等。以上学者主要阐述了跨境票据的重要性及技术监管的问题。

国外融资票据发达，市场更开放。国外学者对中国的跨境电商作了研究，认为配套有效的支付制度，如跨境票据类支付手段，将有助于推动贸易发展（Huo等，2018）。美国学者（Jones和Oliner，2005）很早就研究了票据的时间溢价在年底急剧增长的问题，认为控制了年底因素，就能使票据市场价格稳定，该研究对跨境票据的价格形成机制，具有一定借鉴意义；其他学者（Reuter，2015）阐述了欧洲债券和商业票据的创新性问题。在实务领域，美国商业票据市场发达。英国则把商业本票作为短期融资工具，而商业汇票仍需贸易背景依据，此外，英国市场有大量贴现行充当做市商，交易效率很高。日本票据市场则以短资为主，短资公司通常充当做市商来赚取利差，同时，若原始票据期限长于汇兑票据，还可以票据为担保开具银行本票。通过上述分析可看出，国外市场，存在以支付为目的且基于贸易背景的支付市场，和以融资为目的的融资市场，金融工具创新主要集中在融资性票据市场（Kozubovska，2017）。由于国外资本市场具有开放性，在融资性票据的跨境使用中，虽得到了一定实践但不算十分普及，更多的是作为一种投融资手段来运用。

归纳文献，学者对现有票据跨境业务的研究，主要有如下几点共识：一是票据作投融资工具，可运用在企企、银企以外的跨境贸易领域，但没有形成具体路线图。二是现有市场体系、法律制度、风控手段，对跨境票据业务发展，存在一定缺陷，需要重新修订法规，建立配套制度，但具体怎样的制度尚未形成定论。三是引入区块链技术可增加票据市场安全性，认为区块链技术在票据风控，包括跨境票据领域具有广泛前景，具体应用场景尚模糊。

综上所述，可以看出目前的研究成果多数停留在理念层面，未能提出可落地实施的路线方案；未能阐述跨境票据对国家战略、金融安全、人民币国际化等领域起到哪些具体作用以及具体实施风险如何应对。因此，基于上述问题，本文将从跨境票据业务的实施路径、体系架构、落地方式等方面进行论述。对比现有环球银行金融电信协会（SWIFT），阐述跨境票据的比较优势与不足，并研究论述对国际支付体系将产生哪些重大影响和变革，对国家金融安全和人民币国际化将产生怎样的积极作用，并对过程中可能出现的风险点进行了分析。

二、票据基础设施现状与现有跨境支付工具比较

（一）我国票据市场与跨境贸易的发展现状

2016年12月8日，全国统一的票据交易平台成立后，提高了票据市场的安全性、透明度和交易效率，激发了市场活力，防范了风险，也增强了服务实体经济的能力。电子票据替代传统纸质票据，市场朝着电子化、标准化方向发展。票据承兑及贴现业务量均大幅增长，呈现三个特点：一是银票仍占比较高，但商票增长快于银票；二是电票取代纸票的占比创新高；三是单张票面金

额大幅下降，票据在企业间支付功能增强。票交所数据显示，2020年全年，票据承兑、贴现和交易发生额（纸电合计）分别为22.1万亿元、14.1万亿元和64.4万亿元，较2019年分别增长9%、13%和27%[①]。我国跨境贸易在2015年和2016年间，经历了两年下滑，在2017年重新大幅增长，2018年保持小幅增长，2019年受中美经贸摩擦影响有所下滑，2020年在新冠肺炎疫情影响下，中国出口总值仍同比增长4.0%。跨境贸易中常用的国际结算产品有信用证、进出口T/T押汇、出口保理等，商业汇票尚未应用在跨境贸易结算中，但国外市场已在国际贸易支付结算领域广泛应用类票据产品。

（二）票据市场基础设施支持跨境业务，法律制度还需明确

在票交所成立前，业务以纸票为主，市场割裂，透明度低，导致境外机构投资者对国内票据市场敬而远之。票交所成立及其所带来的一系列业务规则，彻底改变了票据市场基础环境。票交所具备票据交易、登记托管、结算清算、信息服务功能，采用国际通行的直通式处理，实现了票据交割与资金清算连通，在最大程度上保证资金和资产安全，此外，利用人民银行大额支付系统，安全高效的业务处理流程，到期兑付自动回款，使投资人票据权利的行使得到保障。票交所每日发布利率曲线，为机构持有和管理票据资产提供估值参考。同时，票交所已搭建"跨境人民币贸易融资转让服务平台"。在法律制度层面，我国《票据法》第五章规定了涉外票据法律适用条例，但描述较为简略，无法支持跨境票据业务开展。需进一步明确跨境票据业务适用的法律法规、国际条约和国际惯例。可依托亚洲基础设施投资银行、金砖国家新开发银行等机构，建立跨境票据适用的法律共识，形成政府间法律合作协议，建立处理跨境票据纠纷原则。

---

① 数据来源：上海票据交易所。

（三）跨境票据与其他金融工具的比较优势分析

传统跨境支付工具大多在SWIFT等西方主导的国际合作组织所制定的规则下展开，容易受西方国家干预，所以，积极建立我国主导的跨境支付规则体系迫在眉睫。一方面，通过人民币票据境外使用，可逐步扩大我国的国际影响力；另一方面，票据作为我国金融市场重要的短期支付融资工具，其使用可提升人民币国际化程度，降低"一带一路"沿线国家和地区的贸易投资壁垒，促进区域经贸合作。目前运用于跨境贸易的金融工具很多，但与跨境票据相比，有一定局限性。如国际信用证业务（Alavi和Kerikmäe，2018）[1]，有增强企业信用、收货保障、接受程度高，有远期信用功能等特点，但其融资成本较高，操作流程复杂。进口代收与托收业务[2]，虽费用较少，有远期信用功能，但流程仍复杂。汇出与汇入汇款业务[3]，则属基础结算，安全可靠，操作便利，成本较低，但不具有远期信用功能。跨境票据与上述工具相比，则有如下优势：

第一，通过票据跨境支付，更安全便捷。电子票据（以下简称电票）在承兑、贴现环节的占比已高达95%以上。电票的签发、承兑、背书、贴现及交易、托收等环节都存储在系统中，有标准格式，信息透明。国际信用证等结算工具则仍以纸质为主，且多为非标准化格式，无法实现全生命周期记录储存，纸质形式流转容易丢失、损坏、被盗、篡改等，安全性差。流程上，票

---

① 国际信用证业务是指根据进口企业申请，落实足额担保条件后或在给予客户的授信额度内，对外开出信用，并且在收到符合信用证条款的单据后，履行信用证下付款责任的业务。

② 进口代收业务是指收到国外托收行寄交的托收单据后，向国内进口商提示，并要求其付款或承兑赎单的业务。进口托收业务是指委托人凭附有商业单据的金融单据（一般为汇票），或仅凭商业单据，委托并通过银行寄送商业单据至进口商银行，从而向付款人收取款项的托收方式。

③ 汇出汇款业务是指银行应汇款人（付款人）委托，以一定的方式，将一定金额通过代理行，将款项付给收款人的一种国际结算方式。汇入汇款业务是指受汇出行委托，将收到的款项解付给收款人的业务。

据签发、背书转让均在系统上操作，完成一次背书只需几分钟，在企业间可多次背书转让，并能在产业链上下游企业间流转，而信用证则要求"单单一致、单证相符"，审核贸易背景、单证要素，且很难在企业间背书转让多次。信用证在出口企业、出口企业开户行、进口企业、进口企业开户行间依次传递，耗时长。

第二，票据期限更长，融资成本更低。传统的国际结算产品，融资期一般在180天以内，而商业汇票最长期可达1年，此外，用票据支付，可减少企业开证（票）次数，从而减少手续费。通过为开票企业提供更长账期，减少转账汇款次数，从而减轻企业资金周转压力，方便企业扩大经营生产规模。票据具有远期支付的信用融资功能，期限最长一年，使付款企业可在票据到期时再行兑付，若企业生产周期短，一年内便能实现销售回款，用票据支付甚至能实现零成本资金周转。

第三，票据产品信息透明，易监管，对防范走私、洗钱等犯罪行为具有先天优势。票据业务已建立了较为完善的基础设施，包括业务系统和制度法规等。《中华人民共和国票据法》为票据在法律层面提供了依据；票交所成立后，在市场运行、信息披露、数据监测等方面，也已具备良好环境。票交所拥有全生命周期数据和参与主体信息，可为境内外监管机构提供数据，满足对票据跨境支付结算监管的要求。

第四，票据用途广泛，金融创新价值更高。信用证多用于双边贸易结算支付，而票据可通过转贴，形成供应链体系；信用证由于标准化程度低，可交易可转让性弱，期限与灵活度也受限；而跨境票据，除上述信用证属性外，还具备赊账交易、盘活应收款、贸易融资、降低融资成本等更多用途，未来可基于票据作更多金融创新（见图1）。

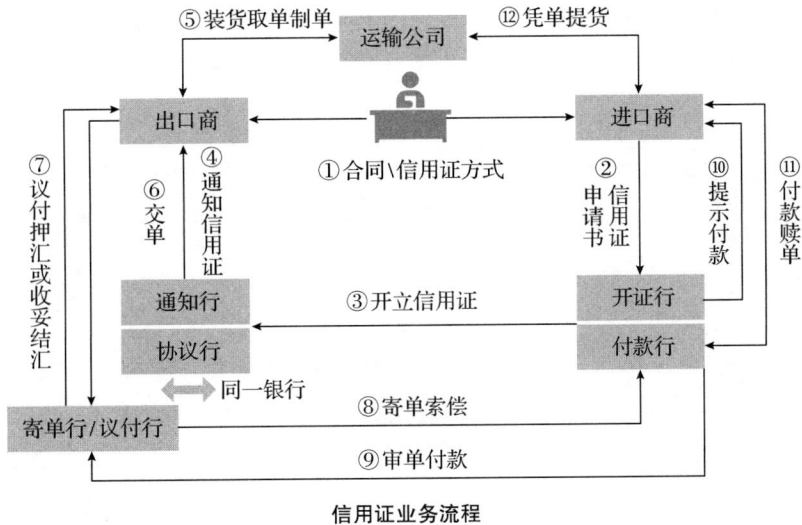

信用证业务流程

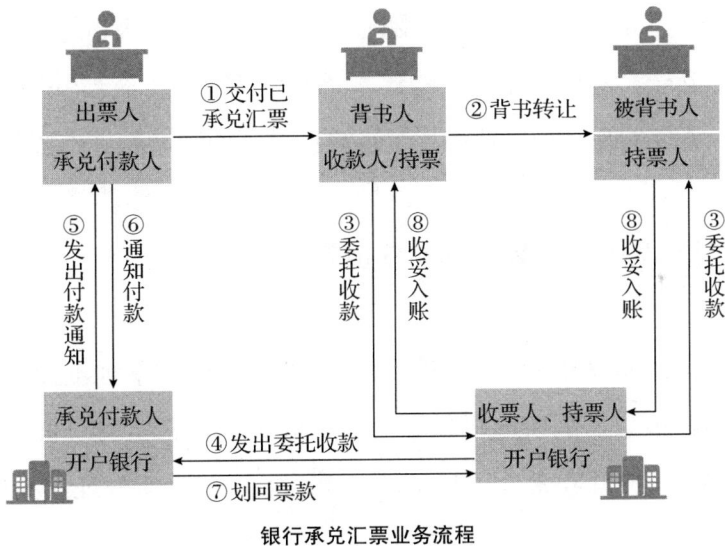

银行承兑汇票业务流程

图1　信用证与银行承兑汇票业务流程比较

此外，信用证是单款对流方式，与承兑汇票货款对流方式相比较为复杂且成本高。办理贴现时，在贴现价格基础上，一般无需其他手续费；利率价格远低于信用证融资（信用证融资利率接近银行贷款利率）；信用证也难以标准化，等分化更无从谈起，而票交所于2019年7月已创设类似ABS票据池的标准化票据，迈进标准化、等分化阶段；票据还可完成回购质押等交易，也可在企业间流转，"信用证+福费廷"模式则只能在银行体系内流转，在企业间流转有困难（见表2）。

表2　信用证与票据特点、差异点比较分析

信用证特点	票据特点	运用场景
结算效率低，流程复杂 双边贸易为主，双方支付结算 不易形成标准化金融工具 形成信用支付 支付属性强，手续费高 商业信用与银行保证结合 依靠国外的SWIFT基础设施 银行间流转为主 中间成本高，办理复杂	结算效率高 可转贴、可竞价交易、已标准化 有助推进多方供应链金融 易形成标准票类合约，降低融资成本 金融与标准化产品属性强 商业信用与银行承兑结合 依靠票据交易所基础设施 企业与银行之间可流转 中间成本低，办理简单	跨境贸易 真实商贸背景 支付环节 海外短期融资

目前信用证大多通过SWIFT[①]系统完成，该系统是建立在欧美标准框架的电文，银行每年要为此支付高昂费用。随着中美经贸摩擦升级，过度依靠该系统不利于我国金融安全。从战略考虑，构建基于票交所系统（充当SWIFT职能）的跨境票据业务，不仅能提升跨境业务发展，更助推了中国金融标准国际化的进程。

三、跨境票据业务流程设计与实施策略

2020年中国外贸稳中向好，跨境票据业务的实施与落地渐渐成熟。自贸区的优厚政策为跨境票据的实施提供了良好试验田，包括实行负面清单制、允许人民币跨境结算、放开经常性项目下的货币兑换、个人境外证券投资等。

（一）构建离岸票据中心与跨境票据业务路径图

结合上述研究，笔者提出依托自贸区，构建从半离岸市场到全离岸市场的跨境票据业务实施方案（见图2）。

---

① SWIFT（环球银行金融电信协会），是国际银行同业间的国际合作组织，全球大多数银行使用SWIFT系统，使银行结算提供了安全、可靠、快捷、标准化、自动化通信业务，从而大大提高了银行的结算速度。目前信用证的格式主要选用SWIFT电文，在荷兰阿姆斯特丹和美国纽约分别设立交换中心（Swifting Center）。

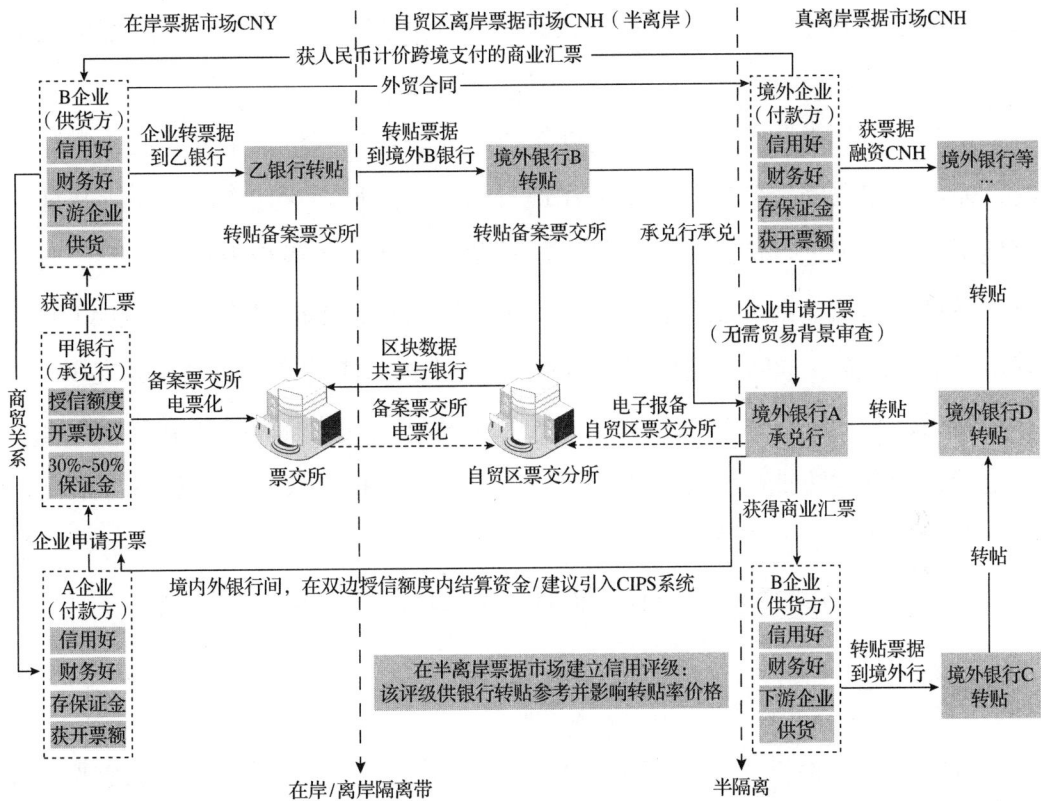

图2 跨境票据业务流程

第一，借助自贸区，通过在区内建立半离岸市场（自贸区离岸票据市场）形成在岸市场和离岸市场的缓冲区，一方面可减少跨境票据业务对在岸人民币汇率的影响，另一方面也符合外汇监管的要求。

第二，允许在跨境离岸市场进行离岸人民币融资性票据业务，可不拘泥于贸易背景审核；在在岸票据市场使用在岸人民币，并仍需严格遵守贸易背景审核制度，且全部交易周期在票交所系统备案。若离岸融资性票据业务转为在岸票据业务，或境内银行需转贴票据到自贸区离岸市场中的其他境外银行时，则需进一步审查外贸背景，而境外离岸银行与自贸区内的境外其他银行之间的非落地性票据转贴，则无须贸易背景审核，可直接进行离岸人民币的贸易融资。该模式的优势在于，在不影响境内票据业务规则的前提下，盘活了离岸人民币市场。通过票据融资，能降低境外企业跨境融资成本，促进企业国际市场竞争力的提升。

第三，为加强监管，境内与境外银行间在进行票据资金结算、流转和转贴时，需占用双方的授信额度，统一在银行间市场进行。对在离岸市场所开具的跨境票据，建议进行信用评级，供银行转贴时参考，并逐步为建立跨境票据定价体系打下基础，则可能实现统一人民币跨境票据指数或定价基准，更好地完善市场定价机制。同时，建议引入CIPS[①]，对人民币跨境支付提供强大支撑。

第四，基于FinTech区块链技术，使票据从开票到流转的各环节都能有追溯和记录，能有效防抵赖，并基于票交所系统，可以把区块延伸到各参与银行，凡符合技术业务准入资格的银行，都可加入票交所跨境票据区块链体系，以实现对跨境票据流转的全覆盖监管，从而有效规避扰乱市场行为的发生。

（二）基于自贸区为基础的跨境票据模式创新

跨境业务的推进应本着因地制宜、循序渐进的原则进行，通过构建票据基础设施和离岸票据中心，逐步取得定价权，增强外贸话语权，助力"一带一路"建设。

1. 探索构建跨境票据基础设施。票交所在交易、登记托管、清算结算、信息等方面具有基础设施地位，具备高效运行的基础。选择合适的银行，通过与票交所对接，做跨境票据业务一级会员结算承兑行。国外银行在接入时，则须经票交所通过，受票交所监督。境内外银行均接入票交所，通过票交所打通跨境票据业务的渠道。跨境银行会员间，可为真实贸易背景的票据进行贴现和转贴，境外银行之间可进行融资性票据业务流转，票交所组织监督，确保市场的

[①] 人民币跨境支付系统（Cross-border Interbank Payment System，CIPS）是由中国人民银行组织开发的独立支付系统，旨在进一步整合现有人民币跨境支付结算渠道和资源、提高跨境清算效率、满足各主要时区的人民币业务发展需要、提高交易的安全性，构建公平的市场竞争环境。

安全与稳定。

2. 跨境票据金融工具创新所遇到的问题及解决思路：汇差问题、远期、掉期、互换交易与标准化票据。票据一旦跨境，除支付外，其中间的时间差还可能受到汇率波动的影响，此时，企业可通过银行，结合外汇即期、远期、掉期等工具，对跨境票据因支付时点差而造成的汇率问题提前做好风险控制。建议跨境票据结合外汇远期、掉期、货币互换共同形成组合进行使用，更有利于风控。为增加流动性，推动撮合交易，设置跨境标准票，从而解决不同期限不同类型票据的境外流通问题。可参考票据标准化ABS池做法，从已承兑票据的标准化，逐步转为未贴现票据的标准化，并在境外落实以跨境融资为目标的融资性票据，缓解境外企业融资压力，增强国际竞争力。

3. 跨境票据结合"一带一路"倡议。广泛推广"一带一路"沿线国家的跨境人民币票据使用，可逐步增强人民币跨境票据的国际定价权。"一带一路"沿线国家的跨境票据业务规模增长，不仅在大量商贸资金往来中具有巨大运用空间价值，且有利于西部地区商业信用和银行信用的提升，银行可通过票据签发、担保、承兑、直贴、转贴、再贴等做法，推动企业短期资金需求问题的解决，帮助中国企业"走出去"，助力中国企业做大做强。

4. 跨境票据定价权与人民币票据离岸中心建设。随着离岸业务的增大，票交所的影响力也会逐步增强。推进跨境票据业务规模，并根据不同票据定价体系，逐步影响国际贸易，从而能使我国贸易谈判的优势地位逐步凸显。例如，高科技企业给予更优惠价格，会促进高科技产品对我国出口的增加，平衡我国进出口贸易差。为方便跨境票据的流转，建议在境外引入合作机构（如伦敦交易所、纽约证券交易所），授权并与之合作，以推进跨境票据的新离岸分中心形成，让世界各区域能够参与到跨境票据体系里来。

5. 推进人民币国际化，统一用人民币作为结算货币。票据跨境结算全部用人民币计价，在岸与离岸严格隔离，票据融资仅可在离岸市场进行，从而也有效防止热钱通过跨境票据流入境内的风险。

四、结论与启示

笔者认为跨境票据对在岸汇率和主要经济指标影响有限，而对贸易顺差、进出口、国际汇率的关联性强。基于此研究，本文提出如下建议：

（一）推进跨境票据基础设施建设，打造基于自贸区的跨境票据离岸交易中心，助力"一带一路"

在中美经贸摩擦背景下，通过跨境票据业务，推动上海金融中心建设，促进人民币离岸中心建设，提升人民币国际地位，增加我国国际贸易的话语权，显得十分迫切。票交所可完成跨境票据的交易、托管、清算、担保、金融工具创设等基础设施构建。推进与"一带一路"沿线国家合作，结合我国西部地区票据业务的开展，逐步形成基于人民币跨境票据为基础的金融链体系，形成从中亚到欧洲的人民币跨境交易市场。

（二）离岸市场试行融资票据，在岸市场强化贸易审核，做好风险管控

离岸市场可试点跨境人民币离岸融资性票据业务，以降低境外企业短期融资成本。在岸市场则仍需强化基于真实贸易背景审核，以支付为主的票据业务模式。当离岸票据转贴为在岸票据时，需再次补充严格贸易背景审核材料。如此，则可从根本上控制热钱流入，增加风险控制力，维护市场稳定。

（三）基于区块链技术，建立跨境票据信用评级体系，形成可追溯的风控系统

通过区块链技术，建立从票据签发、直贴、转贴、清算、托管、再贴现为一体的，可追溯查验的金融科技体系。随后，逐步建立基于票据签发和交易参与主体，建立基于票据签发主体信用状况和票据交易主体信用状况的加权信用评级体系，将有效增强安全性，使跨境支付和金融增信属性相结合，发挥更大效用。

随着我国票据跨境业务的发展，会有更多金融创新涌现，这些"业务+技术"的创新，将不断推动我国金融市场建设走向成熟，增强人民币国际地位，助力中国企业竞争力提升。

参考文献

[1] 汪办兴．上海自贸区银行电子票据参与跨境人民币支付的业务研究 [J]．上海金融学院学报，2015(5)：84-90．

[2] 林清胜，高洁．"跨境电商＋商超票据池＋BPO"组合创新 [J]．中国外汇，2016(17)：68-69．

[3] 张艳宁，吴思行．"债券通"对跨境票据业务的借鉴意义 [J]．银行家，2017(11)：117-121．

[4] 谢浴华，曾胜．把握大湾区跨境票据创新发展的新机遇 [J]．中国外汇，2019(9)：68-69．

[5] 张艳宁．"一带一路"战略：银行业拓展跨境票据业务的新契机 [J]．银行家，2017(12)：94-96．

[6] 邓伟伟．跨境电子商业汇票业务发展能力和环境影响分析 [J]．上海金融，2016(3)：84-87．

[7] 汪办兴．上海自贸区银行电子票据参与跨境人民币支付的业务研究 [J]．上海金融学院学报，2015(5)：84-90．

[8] 张荣康．基于区块链构建的数字票据法律问题研究 [D]．北京：中央民族大学，2017．

[9] 朱佩君．基于区块链技术的商业银行票据管理优化问题研究 [D]．上海：上海国家会计学院，2017．

[10] 李爱君．区块链票据的本质、法律性质与特征 [J]．东方法学，2019(3)：64-71．

[11] 黄维．通过区块链技术破解融资性票据监管问题研究 [J]．金融理论与

实践，2019(3):46-53.

[12] 汤莹玮，张婕珂. 美国票据市场发展借鉴[J]. 中国金融，2017(22):81-83.

[13] Huo D, Ouyang R, Hung K, et al. Effect of Cross-Border E-Business Policy on the Export Trade of an Emerging Market: A Dynamic Study of Institutional Support to Cross-Border E-Business at Chinese Pilot Cities[J]. Emerging Markets Finance and Trade, 2018, 54(14).

[14] Töpfer L M. Institutional Change in Chinese Cross-border Finance: Foreign Investors, the Party-state and Power Resources[J]. Review of International Political Economy, 2017, 24(1).

[15] Downing C, Oliner S. The Term Structure of Commercial Paper Rates[J]. Journal of Financial Economics, 2005, 83(1).

[16] Reuter H, Klaus M. Euronotes und Euro Commercial Paper als Finanzinnovationen-Vom RUF zum ECP-[J]. Zeitschrift für Bankrecht und Bankwirtschaft, 2015, 3(1).

[17] Rizi M H, Kishor N K, Marfatia H A. The Dynamic Relationship among the Money Market Mutual Funds, the Commercial Paper Market, and the Repo Market[J]. The European Journal of Finance, 2019, 25(5).

[18] Duca J V. Did the Commercial Paper Funding Facility Prevent a Great Depression Style Money Market Meltdown? [J]. Journal of Financial Stability, 2013, 9(4).

[19] Kozubovska M. The Effect of US Bank Holding Companies' Exposure to Asset-backed Commercial Paper Conduits on the Information Opacity and Systemic Risk[J]. Research in International Business and Finance, 2017, 39.

[20] Alavi H, Kerikmäe T. Mitigating the Risk of Documentary Discrepancy in Process of Estonian Export Letters of Credit Transaction[J]. Multidisciplinary Aspects of Production Engineering, 2018, 1(1).

票交所电子化线上交易模式下
风险防控的延承与变革

李晓静[①]

[摘　要]　国内经济在疫情恢复中表现出了强劲的潜力和韧性，金融服务实体经济、大力提高金融服务中小微企业的能力已成为商业银行的时代命题。票据业务作为服务实体经济、助力中小微融资的利器，表现出了强大的发展潜力。现阶段，在票交所全国统一的票据市场基础设施平台下，票据电子化不断演进，极大地促进了票据业务的飞速发展和创新升级，与之相适应，商业银行的票据业务风险管控也表现出了延承和变革。本文结合商业银行实践，对票交所时代下，票据业务的信用风险、操作风险的新特点、新形势作了分析，同时也指出了系统风险、交易对手风险防范的紧迫性、复杂性，以期抓住新形势下的关键风险点，有针对性地提出风险防控措施。

[关键词]　服务实体　产品创新　风险防控

一、票交所电子化线上交易对服务实体经济的重要意义

（一）票据业务是金融服务实体经济、助力中小微企业融资的便利工具

我国的票据业务源起于维护社会经济秩序、促进经济发展的需要，在规

---

① 作者简介：李晓静，供职于中国银行总行票据业务团队。

范商品经济秩序、解决企业"三角债"等方面取得了很大成就。现阶段，票据业务发展迅猛，因其直接作用于实体经济和金融市场、连接实体融资和货币市场，对促进经济发展、金融服务实体、传导货币政策有着十分重要的作用。2020年，全市场累计签发承兑票据 22.09万亿元，票据签发承兑量在社会融资规模中占比为7.75%。2020年票据累计贴现 13.41万亿元，同比增长7.67%[①]。票据成为支撑企业贷款增长的重要力量。

同时，因票据在支付结算领域的高流转，以及在融资领域的便捷、高效、低成本等特点，票据成为中小微企业的"融资利器"。在市场化商品服务交易中，中小微企业因其自身在产业链、供应链上的劣势地位，取得商业汇票并流转支付、贴现融资是其最高效、最经济的融资手段之一。票据本身的特性与中小微企业高频、灵活、小额的支付需求和融资需求相匹配。中小微企业在市场融资主体中占据了重要地位，2020年全年企业用票金额合计82.7万亿元，同比增长4.27%；用票企业家数合计270.58万家，同比增长11.22%。其中，小微企业用票金额44.03万亿元，占比53.2%；小微企业用票企业家数250.31万家，占比92.5%[②]。同时，票据融资是降低中小微企业融资成本的重要路径，以2020年均值为例，票据贴现平均利率为2.78%，同比下降34个基点，比贷款基准利率4.35%低157个基点，比 12 月1年期LPR3.85%低107个基点[③]。

（二）电子商业汇票发展和票交所直连上线带来的巨大变革

电子商业汇票（以下简称电票）蜕变于传统票据，顺应信息时代的电子化发展。2009年人民银行正式推出电子商业汇票，2016年12月上海票据交易所正式成立运营，2018年10月纸电票据融合，票据交易直连上线，我国的票据市场

---

① 数据来源：上海票据交易所《2020年票据市场发展回顾》。
② 数据来源：上海票据交易所《2020年票据市场发展回顾》。
③ 数据来源：中国人民银行。

进入一个统一、高效、透明的电子化交易的新时代。随着电票安全性、便捷性被广泛认可，现阶段电子商业汇票已占据绝对市场，电票贴现占比近98%，纸票承兑占比已不足2%。

电子商业汇票兼具传统票据的支付、结算、信用、融资等功能，克服了传统票据不易保存、容易被伪造变造、盗窃遗失等风险，也大幅度降低了"一票多卖"、票据"掉包"、清单交易等陈年旧疾，显著降低了票据签发、流转、背书、贴现和交易环节的操作风险，赋予了票据便捷、高效、安全、透明的电子化特征。票交所的成立，建立了全国统一的票据市场基础设施，票据交易由原来的纸票背书、合同签订、票款分离，全部迁移至了线上交易，给予了票据交易高速发展的可能性，随之而来票据的业务管理和风险防控发生变革性发展，票据交易有了集中操作、数据支持、科技赋能的基础平台和进一步创新衍生的巨大潜力。

二、票交所电子化线上交易模式下风险点的延承和变革

（一）票据业务风险的延承

1.内部控制与操作风险。依据《巴塞尔新资本协议》的定义，内部控制是由董事会、监事会、高级管理层和全体员工共同实施的、旨在实现控制目标的过程。内部控制的目标是合理保证企业经营管理合法合规、资产安全、财务报告及相关信息真实完整，提高经营效率和效果，促进企业实现发展目标。操作风险是指由不完善或有问题的内部程序、人员、系统以及外部事件所造成损失的风险，包括法律风险，但不包括策略风险和声誉风险。损失，指对本行财务状况、声誉、客户或员工造成的不利影响。

票据业务操作风险集中表现为：（1）内部控制流程不完善，商业银行在办理票据业务时无法得到全流程的相互配合和前中后台牵制；（2）票据承兑、贴现环节业务办理流程差错；（3）伪假票据、克隆票据、变造票据未能

及时识别，票据保管不当、"一票多卖"、清单交易等；（4）过分追求业务发展，在较大的利润考核压力下，部分机构违规操作，甚至内外勾结，给银行造成损失。

现阶段，票据业务操作风险大幅降低，票据市场透明度和票据交易电子化程度显著提升，传统纸质票据的伪假风险、遗失、盗窃、保管不当等风险，票据交易中的"一票多卖"、票据"掉包"、清单交易、提前解质押等风险已基本得以有效规避。但是前台、中台、后台全流程的有效配合和协同控制、系统操作差错、内外勾结、无法有效识别"非法票据中介"等操作风险仍持续存在。

2.信用风险。票据业务信用风险是负有票据付款责任的票据出票人、承兑人、保证人、背书人等未能如期履约付款、迟付或拒付，从而造成损失的风险。主要集中在：（1）承兑环节出票人财务恶化，丧失履约能力或故意不履约；（2）贴现环节中承兑行丧失履约能力或以各种理由延迟支付、无理拒付，或以各种理由拒绝垫付，不履行第一付款责任等；（3）未能充分识别客户在办理承兑、贴现业务时是否符合要求，是否存在无真实贸易背景办理业务的风险。

现阶段，票据业务信用风险仍存在并且压力持续增加。在目前宏观经济新常态，又面临着疫情对经济的重大冲击，去产能、去库存、去杠杠的大背景下，部分企业债务风险高企，盈利能力弱化，信用违约风险加大。部分中小金融机构风险管理和内部控制不力，可能造成业绩冲高压力下的超过出票人信用承担能力的超量承兑等。

（二）票据业务风险的变革

1.法律风险。现阶段虽然电子商业汇票已取得了迅猛的发展，但是其法律依据仍然薄弱。《票据法》《票据实施管理办法》《支付结算办法》等票据法律法规、规章制度都没有对电子票据进行明确界定与规范。从广义上来讲，电子票据有两种界定：一是传统票据的电子化，即以计算机和网络为依托，通过电子信息取代传统的纸面凭证进行资金流转的电子信息传递；二是用电子信息完全取代传统票据，信息传递的过程也是资金流动的过程，二者可以称为电子票据的信息层面和货币层面，依据中国人民银行对电子票据的界定[①]，我们可以看出，目前我国电子票据的发展处于信息层面，即传统票据的电子化。目前人民银行研讨测试的"数字货币"其理论架构建立于货币层面。与此同时，因电子票据是传统票据的电子化，因此原有的法律法规、规章制度即电子票据的基础支持，然而电子票据的诸多关键点未与原有法律基础契合。

第一，《中国人民银行关于规范和促进电子商业汇票业务发展的通知》《票据交易管理办法》，为提高交易效率、便捷客户业务办理，简化了对贴现环节贸易背景真实性审核的要求，提出了贴现企业无须提供合同和发票等资料，但是从合规角度讲，这一规定无法很好地落实《票据法》《支付结算办法》中对票据交易必须具备真实的交易关系和债权债务关系的要求。

第二，《电子商业汇票业务管理办法》未明确挂失止付、公示催告等在电票情形下的适用方式，以至于现阶段对客户声称电票遗失、汇票服务U盾被抢等个别纠纷，无适用的程序。

第三，《上海票据交易所票据交易规则》提出了信用主体的概念，并确定银票的无条件付款主体为承兑行、承兑保证人、保证增信行、贴现人和贴现保证人。商票的无条件付款主体为保证增信行、贴现人、贴现保证人，以上规定增加了商业汇票的信用，起到了增强信用、活跃流转、保护善意持票人的作用，但是与《票据法》可以向任意前手追索有所不同。

第四，《贷款通则》第三章第十一条明确"票据贴现的贴现期限最长不得超过6个月"；《电子商业汇票业务管理办法》虽明确了"电子商业汇票的付款

① 中国人民银行颁布的《电子商业汇票业务管理办法》第二条将电子商业汇票界定为"电子商业汇票是指出票人依托电子商业汇票系统，以数字电文形式制作的，委托付款人在指定日期无条件支付确定的金额给收款人或持票人的票据。电子商业汇票分为电子银行承兑汇票和电子商业承兑汇票"。

期限自出票日起至到期日止，最长不得超过1年"，但是并未明确贴现业务期限同理延长至1年，致使部分金融机构面临内外审/检查质疑。

现阶段，商业银行一方面应该以《票据法》《支付结算办法》等法律法规、规章制度为准绳，进一步加强风险防范和合规经营的意识，不弱化贴现环节的贸易背景真实性审查责任；另一方面大力提升作为贴现行的风险防控意识，在票据交易中高度重视承兑行及转贴现交易对手的信用风险管理。

2. 系统风险。电子商业汇票的普及和票交所统一的票据市场基础设施的建立，系统和数据支持对票据业务给予了极大的动力和潜能。票据交易对系统的依赖也达到了前所未有的高度，随之而来系统风险对票据业务的影响也日益重要。首先，票交所提供统一的交易平台，但是各参与机构需要以自身系统接入票交所，目前票据市场的参与者不但包括传统金融机构，也引入了财务公司、证券、信托、基金及非法人产品，各参与者之间的信息科技能力参差不齐，多元化的参与者对票据业务风险控制和交易规则的掌握和理解也有所不同，各参与机构在系统开发、运行维护、交易规则设定、参数控制等方面进度不一，可能造成的数据遗漏、信息丢失、报文错误、数据堵塞或被人为篡改、黑客攻击的风险加大。其次，票据交易对系统的依赖程度加大，对数据的存储保护、系统的运维升级、风险管理的机控都有较高的要求，这必然要求商业银行在开发搭建行内电子商业汇票系统时有充分的研讨、在开发建设和后期升级维护中投入大量的资源，自身系统漏洞、基础架构薄弱等都可能造成业务差错、数据差错、升级换代迟缓、创新无法跟进市场等风险。

3. 交易对手风险。为进一步活跃票据市场、丰富票据交易渠道，中国人民银行引入了非银行金融机构和非法人产品作为票据市场参与主体[1]。票据市场参与主体扩大至：（1）法人类机构，包括政策性银行、商业银行、农村信用

---

[1] 中国人民银行公告〔2016〕第29号（《票据交易管理办法》）。

社、财务公司、信托、证券、基金管理、期货、保险等；（2）非法人类机构，包括证券投资基金、资产管理计划、银行理财产品、信托计划、保险产品、住房公积金、社会保障基金、企业年仅、养老金等；（3）中国人民银行确定的其他市场参与者。

参与者的多元化、多层次、综合性可以更好地丰富票据交易体系，但是不同市场之间的法律依据、交易规则、市场惯例也各有不同，随着市场引进了对票据业务固有风险不太熟悉、对票据市场发展不甚了解的参与者，原有的以银行业金融机构为主要参与者的市场平衡重新洗牌。商业银行与非银行金融机构的风险抵御能力、风险管控理念各有不同，多层次参与者风险防御能力不足可能导致风险交叉传递，各市场交易产品的风险跨市场传递积聚，这都给商业银行对交易对手的管理提出了新的挑战。

《上海票据交易所票据交易规则》明确了对于贴现后票据的清算规则，贴现行作为仅次于承兑行的信用主体，在票据风险承担中的主体责任加大。商业银行在贴现交易中，自身作为贴现行，应进一步加强对承兑行的准入和调整，关注对于商业承兑汇票承兑人、中小金融机构、非银金融机构的信用风险管理，关注超量承兑风险；在转贴现交易中，关注承兑行、贴现行信用风险管理，回购交易中，关注交易对手信用风险管理，质押票据承兑行、贴现行信用风险管理。建立并动态调整贴现业务承兑行准入清单，转贴现、回购交易对手清单，信用主体准入清单等。

三、商业银行票据业务风险防控的管理建议

（一）建立前台、中台、后台紧密配合的业务和风险管理架构

票交所模式下，商业银行应全流程地重新评估商业汇票业务的风险，重塑票据业务的业务管理和风险管理架构，以期主动适应和利用电子化交易的良好平台，便利企业票据融资，提高业务办理效率。

首先，建立前后、中后、后台逻辑统一又相互制约的管理体系。从承兑出票环节入手，将承兑、贴现、转贴现、回购、质押融资等业务作为相互统一的整体，各产品线之间协同配合，做好客户信息、业务信息、数据资源的共享互联，带动整体票据业务及周边保证金存款、质押融资相关产品的联动营销、组合创新和协同发展。

其次，商业银行内部各职能部门应当各司其职、各尽其职，避免出现管理真空与交叉，尤其在关键风险管理环节，各部门之间应做好协同配合。客户关系部门充分评估客户基本面，审核其承兑、贴现业务贸易背景；风险管理部门提出恰当的授信策略；产品部门完善产品研发创新及系统升级、业务管理。

最后，全流程管理理念的更新，票据业务不再是相互独立的产品单元，各业务环节之间应相互贯通。承兑、贴现环节纳入全行统一的授信管理体系，充分评估出票人、承兑人及贴现申请人的业务需求和授信管理需求，恰当分析贴现受理准入的金融机构授信余额和集中度，全面把握转贴现交易对手、回购交易对手的信用风险。做好全流程会计核算、经济资本核算、EVA、拨备计提、授信占用主体及释放规则等管理要求。

（二）结合金融科技和大数据挖掘，优化风险防控手段

充分借助电子商业汇票的发展和票交所线上交易，依据系统支持和大数据挖掘，在新一轮的票据业务市场竞争中夯实基础。现阶段的票据业务竞争已不单纯是产品层面的理念更新、组织架构的优化顺畅，更是系统支持和数据支持的比拼。商业银行在票交所时代必须充分认识并重点关注系统建设和数据挖掘，规避系统风险，抢占科技优势。

首先，必须高度重视行业电子商业汇票系统的开发建设。投入骨干业务力量和系统技术力量参与行内系统的研发，整体考虑票据的全生命周期，从前期的业务框架搭建到业务流程探讨、风险机控措施、数据存储加工，再到研发测试，行内系统联动、后台数据采集等都应充分考虑业务中的痛点、难点，充分

听取客户意见、基层建议，借鉴同业先进经验，做好系统的集约优化和可拓展性。

其次，做好系统运营维护，优化流程操作，将可以通过机控实现的风险管控、参数控制内化至系统建设中。加强各环节风险控制的非现场监控水平，不断地提升业务处理效率，降低业务差错，增强数据信息处理能力，有力地配合业务管理、监管需求和信用风险、市场风险的管理需求。

最后，充分依靠系统和数据支持，做好风险和收益的平衡。票交所模式下，交易效率大幅提升，数据集中和分析整合能力大幅增强。在数据支持上，应充分考虑引进工商、税务、人民银行、司法以及环境主管部门的数据资源，集中采购第三方数据等，通过数据接口对接、共享数据、采集比对等方式，代替原有的人工筛查，通过大数据对客户行为、企业状况、行业分析作出判断。在系统支持上，传统依靠经验判断、周期推测等方式已很难跟进市场周期波动，应综合考虑影响市场利率水平、投放规模的宏观经济形势、货币政策、行业指导、企业周期、行内资金成本、信贷投放计划等，从宏观、微观等多层次设置影响因素，依靠预测模型、数据算法支持加大对库存票据期限、利率的合理规划，对票据市场的周期波动作出策略指引。

（三）根植法律法规基础，高度关注政策合规风险

第一，票据业务长期以来是监管部门的关注重点。近年来，监管部门针对票据业务陆续出台多项管理要求，检查、自查等也接踵而至。因此，即便票据业务实现了电子化交易，原有的合规风险也有了新的变化，但是对于长期存在的关键风险环节需保持长期的关注，包括承兑保证金来源、贴现业务的贸易背景真实性、贴现资金流向、通道业务、代持交易、以票据业务调节信贷规模、以票据业务调整信贷资产质量等。商业银行应当继续立足于《票据法》《支付结算办法》，严守合规底线，不放松对于贸易背景真实性审核等关键环节的合规要求，同时进一步适应新形势下电子票据的交易规则，强化对于交易对手、

贴现行的风险承担能力的评估。

第二，重视客户层面的合规风险和反洗钱风险。新形势下，票据业务应紧跟政策指引，进一步关注客户层面的合规风险和反洗钱风险，包括是否符合行业限制，是否为重大环境风险问题企业，是否为重点支持的普惠客户、民营客户；等等。在反洗钱风险方面，应主动建立工商客户和金融机构客户层面的反洗钱筛查机制，设立黑名单库，加大机控联动和数据共享机制，避免通过零散信息对比、人工筛选的漏报迟报等。

（四）紧跟票交所创新步伐，充分评估新产品风险

票交所模式下，系统完善升级和产品组合创新的速度明显加快。"票付通"致力于解决企业之间的便捷支付和高效流转、"贴现通"着力于票据市场的信息互通、公开透明。现阶段上海票交所同步推进新一代票据业务系统，推出标准化票据、供应链票据等创新产品体系，这将对未来的票据市场生态产生重大的影响，票据市场的支付产品、流转手段、融资产品将会更加综合化、多层次、多品种。商业银行应深入调研产品市场前景、客户接受程度，在行内的资源整合配套基础上紧跟票交所推进步伐，大力推进产品创新，谨防产品升级创新落后市场进度以致错失市场先机。

在产品创新中，需高度重视新产品设计风险，谨防产品研发和创新组合中出现的关键环节失控、合规风险加大等，尤其是在线上产品发展迅猛的情况下，充分探讨新产品实质性风险的变更，平衡产品收益与风险防控。

参考文献

[1] 上海票据交易所. 2020年票据市场运行情况 [R]. 上海：上海票据交易所，2020.

[2] 上海票据交易所. 中国票据市场：历史回顾与未来展望 [R]. 上海：上海票据交易所，2018.

[3] 张立洲，等．票据革命：中国票据市场的震荡、变革与重构 [M]．北京：中信出版社，2018．

[4] 董福强，于晓静．票交所时代商业银行票据业务风险防控机制研究 [J]．票据研究，2019，68：59-64．

[5] 杨瑞，朱志明．票据业务风险管理新形势与对策思考 [R]//上海票据交易所《中国票据市场发展报告》编写组．中国票据市场发展报告（2017）．北京：中国金融出版社：140-150．

浅淡基层行票据融资业务风险及防范建议

黄佑红　　谢荣杰 [①]

[摘　要]　票据融资业务风险是金融风险的重要方面，基层行的票据融资业务风险又处于最前沿。随着电子商业汇票的普及，票据融资风险也出现了一些新现象，如何认识和防范票据风险是永恒的主题。本文主要从基层行票据融资风险种类、表现形式、形成原因及如何防范等方面，谈一些工作见解，并提出了一些防范建议。

[关键词]　票据融资风险　基层行　防范建议

电子商业汇票业务的发展，特别是上海票据交易所（以下简称票交所）相关系统上线，标志着商业汇票全面进入电子化时代。电子商业汇票的快速发展，也促进了票据交易的转型，所有业务环节全部在电子商业汇票系统中完成，极大地提高了票据出票、贴现、交易、质押、回购等业务的效率。但同时，基层行从业人员也过分依赖电子商业汇票系统，对票据融资业务的风险意识有所淡化。另外，在同业竞争激烈的情况下，各行票据经营机构迫于经营考核压力，忽视审慎经营要求，出现抢客户、抢票源、争规模等现象，放松了对

---

① 作者简介：黄佑红、谢荣杰，均供职于中国工商银行赣州分行普惠金融事业部。

票据风险的防范和把控，致使制度执行变形和违规现象增多。为规避票据融资业务风险、使票据融资业务健康发展、更好地为实体经济服务，本文拟从最基层的角度，对当前票据融资业务风险谈一点认识，对一些风险现象作出分析，并提出一些风险防范的建议。

一、票据融资业务的主要风险

（一）在出票承兑环节的风险

1.风险主要表现：一是出票人信用风险（敞口部分）；二是出票人与收款人之间没有真实交易背景风险；三是承兑行经办人与票据中介合作，违规办理票据承兑风险；四是无风险敞口承兑票据，保证金（担保金）利率风险等。

2.出票承兑风险形成原因主要有：一是企业经营不善，产品销售不畅，货款回笼困难；二是银行风险敞口过大，超过了企业实际经营所能承受的范围；三是出票人与收款人或是存在不真实的贸易交易关系，关联公司甚至是专门做资金"搭桥"的公司，收款人收到票据并向银行贴现后，资金回流出票人，改变了资金真实用途；四是恶意套取银行风险敞口资金，或者与承兑行经办人内外勾结，由第三方提供保证金，违反规定办理承兑并包办贴现；五是承兑银行大幅提高银票承兑保证金，或担保资金中的大额存单、理财资金利率，通过延长存单或理财资金期限，滚动开票，与银行同期贴现利率形成倒挂，助推出票人签发大额银行承兑汇票，并贴现套利。

（二）在贴现环节的风险

通常来讲，票据贴现有四方面的风险，分别是信用风险、政策（合规）风险、利率风险和操作风险。在这四方面的风险中，信用风险一般由各行的总行根据承兑人情况设定一个年度授信总量，基层行只有在总量限额内开展业务，因此，防范信用风险的主体责任不在基层行。利率风险，一方面，贴现利率基本上由各行的上级行根据市场变化不定期公布指导价，基层行遵照执行；另一方面，绝大部分商业银行上收基层行直接开展系统外转贴现交易权限，改由系统内先集中到某一中心行（或上级行）负责对外办理转贴现卖出业务，很少出现利率倒挂现象，因此，利率风险也不是重点。从基层行角度重点要探讨的是票据融资业务的操作风险和政策（合规）风险。

1. 操作风险的表现和形成原因。教科书上对操作风险有一个简单的定义：指由存在缺陷或问题的内部程序、人员、系统或外部事件造成损失的风险。具体来说有两方面，一方面是从业人员未按规定操作，或未严格按规定操作；另一方面是虽然按规定进行了操作，但由于程序或系统有缺陷，被人钻了空子，形成了资金、声誉或其他方面的损失。主要表现形式有：逆流程操作，办理业务时审查、审核不仔细、不认真，或放松办理要求等。各行从票据贴入、持有（保管）、转卖（托收）收回等各个环节都有完整的操作规程，但仍存在以上问题的主要原因如下：一是指标考核的压力，各行为完成上级行下达的指标任务，不惜违规办理业务；二是面对一些关系户、熟人，放不下面子，"通融"办理业务；三是防范意识淡薄，认为制度是多此一举，存在侥幸心理；四是经办人主观故意，或内外勾结，直至违法犯罪。

2. 政策风险的表现和形成原因。政策合规风险指因没有遵循法律、规则和相关制度规定，可能遭受法律制裁、监管处罚、重大财务损失和声誉损失的风险，主要是指外部处罚或法律纠纷等。一是票据从业人员对政策风险认识不足，而上级行或监管层又缺乏政策辅导，一线基层工作人员对一些政策不理解，执行制度时有抵触；二是各商业银行为了自身经营发展的需要，管理上存在"睁一只眼闭一只眼"现象，在一些业务的开拓发展上，与政策要求也会存在一些不一致的问题；三是有一些多年前的政策要求，在现阶段，特别是电子商业汇票为主的阶段，有些跟不上形势的变化，监管政策滞后；四是票据融资业务的有些实质风险与政策要求的形式风险存在不一致现象。

现阶段票据融资与其他信贷资金一样，最大的政策要求：一是信贷（贴现）资金进入实体经济，对此，各行也强化了这方面的制度更新，加大了对客户准入的尽职调查力度，加强了贴现资金流向的跟踪监督，企业贴现资金的用途不能流入国家信贷要求以外的地方。二是大力支持普惠企业融资需求，降低融资成本，但在实际工作中，各行票据从业人员和上级管理机构都存在"重大轻小"现象，对大票、"到期日齐整票"、"一手票"较为偏爱，给予利率优惠，而对于一些小微企业收到的小票、散票则设定较高利率。

近年来，在治理金融乱象、防范外部风险的传导方面，政策也持续发力，一方面各行加强了客户准入管理，从源头上对客户严格把关，做好尽职调查，确保办理贴现业务的企业是完全的实体企业；另一方面随着电子商业汇票的快速发展，贴现利率持续走低，挤压了中间转手的利率差价，中介票据越来越少。

在商业汇票融资业务的所有政策性风险中，关系人是否有真实贸易背景是最基础要求，无论出票人出票承兑还是贴现人与背书前手，都是监管的重要一环。对此，有很多基层行经办员不以为然，认为不是很重要，但是否有真实贸易背景恰好是当前检验票据融资资金是否支持实体经济的重要标准。近两年，由于贴现利率持续下行，而承兑保证金（或担保资金）利率较高，形成利率倒挂现象，这既是利率风险，也是政策风险。对于这种无风险又有较高利差收益的业务，极大地吸引着企业，有条件的企业都千方百计办理，大量融资性质的商业汇票应运而生，关键问题还是看出票人与收款人之间是否有真实贸易背景。

3. 现有一些监管政策的探讨。从事票据融资业务时间较长的人员对监管部门的政策要求都有所了解，随着电子商业汇票的大力发展，其中的一些监管政策也存在问题。一是同城同行问题。指的是商业汇票出票人与收款人（贴现申请人与其前手）在同一个银行、同一个城市；曾经的政策是办理了以上票据承兑和贴现业务即违规，现在将这样的票据拿到人民银行去办理再贴现，也会被拒绝。有的监管部门对同城的定义范围较大，包含整个辖区市（含市辖县）。二是自开自贴问题。随着电子商业汇票的发展，大部分商业银行放开了基层支行的贴现业务办理权限，本行开出商业汇票，然后在本行办理贴现的情况较为普遍，事实上，这也极大地方便了客户。三是关联交易问题。在我国，现阶段市场经济的发展越来越成熟，各市场主体也越来越明晰，相关法律越来越健全，集团公司、参股（控股）公司不断增多，很多关联公司都是上下游关系，经济业务在关联公司之间往来现象也越来越多。对于以上问题，笔者认为，只要符合正常的出票、贴现要求，都不应作为独立问题进行监管，但可以重点关注。

二、票据融资业务风险防范建议

商业汇票无论是承兑业务还是贴现业务，基层行的风险防范都是最重要的。笔者根据十余年基层实践操作经验，并结合电子商业汇票的特征，拟从客户准入、贸易背景审核、系统操作、贷后管理等方面谈谈商业汇票业务的风险防范，从而提升电子商业汇票业务的稳健发展。

（一）加强客户管理，把控票据实质风险

无论政策性风险还是操作性风险，无论承兑业务还是贴现和转贴现业务，把好客户关至关重要。

1. 严控客户准入是票据融资业务第一关。正常情况下，客户办理票据融资业务中的承兑业务，各行都较为认真审核，特别是需要银行给予风险敞口的银行承兑汇票，一般都视同信贷业务进行管理。但对于一些100%保证金 [或抵（质）押金] 的银票承兑业务，客户的准入要求则更低，需要防范的风险主要是政策性风险。对于贴现业务，由于贴现申请人不是主债务人，以前各行对于客户的准入要求不是很严，但近年来，为了贯彻国家支持实体经济的要求，各行都严格把控客户准入关口。做好客户准入的资格审查和尽职调查，对首次办理或一年来未办理贴现的客户开展尽职调查。严格审核企业的基本信息和财务信息，对无贷户双人上门开展实地核查，审查企业的证照是否过期，经营场所及股东背景、交易模式、经营状况是否正常，另外还要重点关注实收资本不足、主营收入或利润过低的公司，确保尽职调查结论真实有效，并将实地调查的影像资料留档备查。

2. 强化贴现业务贸易背景审查认识。出票人与收款人（贴现企业与背书前手）之间是否有真实贸易背景，不应该成为问题来阐述，因为商业汇票的产生和流通本身就与商品流通紧密相连，没有商品流通和债权债务关系一般就不会有票据流通。因此，要识别并防范这一风险并不难，关键还是先看客户主体的真实性，再看客户生产经营活动的真实性。只有真实的客户和真实的生产经营活动，才有真实的贸易背景，对于正常生产经营的企业，即使不提供税票和合同，其真实贸易背景基本上也没问题。《中国人民银行关于规范和促进电子商业汇票业务发展的通知》（银发〔2016〕224号）和《票据交易管理办法》（中国人民银行公告〔2016〕29号）规定贴现企业可不提供发票合同办理贴现业务，也是基于对客户主体及客户生产经营活动的真实性基础之上而言的。因此，办理贴现业务时可不提供，不等于不需要真实交易背景，也不是贴现行不再审查贸易背景，而是将审查重心放在客户主体和客户真实的生产经营活动中。

3. 合理设定企业的贴现额度。本着"了解你的客户，了解你的客户的业务"的原则，依据企业的上年度销售收入、经营状况、现金流量、财务报表及税控发票等综合数据，审慎核定企业本年度贴现额度及当日贴现额度。这一防范措施是对客户真实性的补充，如果客户不真实，或客户提供的会计报表不真实，设置的贴现额度也会不真实。并且，这一风险控制措施并不一定各行都会去做，或者系统都能支持，因此只能作为补充。

（二）加强内部管理，提高票据风险防范能力

1. 加强员工思想教育，筑牢思想防线是防范一切业务风险的有效手段。

从以往票据案件看，主要有以下工作值得注意：一是要加强对关键人员的教育管理，这里的关键人员包括负责人、业务骨干等；二是从业人员中要有"明白人"，不能所有环节都形同虚设；三是要正确处理好业务发展和风险防控的关系，基层行往往会因为完成上级行的任务、为了自身的经济利益而放松风险防范；四是不能让熟人、习惯代替制度，逆流程操作。

2. 积极落实贴后管理。一是贴现后，关注贴现资金的合理流转，对存在不合理使用资金流动的，应及时了解具体情况，对不合理的资金使用，及时告知企业，并在以后贴现中加以注意，发现有问题的，应果断停止对该企业办理贴现。二是对存量客户做好经常性的跟踪联系，了解客户的生产经营、票据结算、贴现总量以及资信变化等情况，对有较大变化的新情况，要及时更新企业管理类资料及证明贸易背景真实性的其他资料，防止实质性风险状况的发生。

3. 正确使用风险提示信息。各银行要在多方面收集商业汇票动态信息，不定期制作并在行内发布对相关出票人、贴现申请人、承兑行等风险控制预警信息，做好票据风险识别和防范。在日常操作时，基层行应努力做到及时关注，正确把控。对虚假电子商业承兑汇票票面篡改为银行承兑汇票的行为、假冒大企业签发商票、假冒大企业的子公司签发商票等行为，以及一些列入"黑名单"的客户、代理接入票据等，都要在系统中提出警示，并刚性控制。

4. 加强业务档案的管理。一是规范资料的填写，确保准入手续规范齐全；二是协议内容完整正确，印章规范；三是客户基础资料和授权资料规范完整。

（三）新时期票据贴现需要关注的风险新变化

1. 最高人民法院对票据无因性的最新司法解释，以及披露的一些票据贴现纠纷的审判案例，均出现了对银行贴现业务诉讼不利的因素，要求基层行在办理贴现业务时更要谨慎规范。2000年11月21日，最高人民法院下发了《关于审理票据纠纷案件若干问题的规定》，由于银行办理贴现肯定是给付了对价的，一般情况下，银行贴现过程中的纠纷都能胜诉。在2015年12月最高人民法院专门对此规定进行了一次解读，笔者认为这是在当时整治金融乱象的新时期下的新解读，对票据无因性的例外情形之一：持票人取得票据的手段是否合法、是否有重大过失等问题作了强调；此后又披露了由于银行违反规定办理贴现，在票据诉讼纠纷中败诉的案例。这些都要求银行在办理票据贴现业务时严格按规定进行。

2. 要防范民间票据"贴现"无效的票据再拿到银行办理贴现风险。2019年11月14日，最高人民法院印发《全国法院民商事审判工作会议纪要》（以下简称《纪要》），明确"民间贴现行为无效"，银行贴现行为的违规事项包括"无真实贸易背景"等。据了解，以前，很多"民间贴现"的票据最后都在银行办理了贴现，银行承担了最后贴现人（持票人）角色。根据《纪要》，基层行办理贴现时更要坚决杜绝与票据中介的业务合作。

3. 上海票交所成立后，制定了《票据交易管理办法》，明确了票据市场追索与偿付规则，持票人的追索权、偿付顺序，特别要重视的是直贴行在票据市场同业链条上的"兜底人"责任，即转贴现行持票人在票据到期后，如承兑人、保证增信行等（如有）不能履行偿付责任，则最后由直贴行"兜底"。这一机制的变化，加大了贴现行的责任，迫使各基层行在办理贴现时，更加注重贴现申请人与前手之间是否具有真实的商品、劳务关系。为此，要审慎分析贴现业务合理性和逻辑性，避免出现无真实贸易背景等风险（如小企业大贴现）。

国际经验

国际金融动态

上海票据交易所　编译

多国启动贸易流通工具的电子化立法

目前，国际贸易中使用的纸质汇票、本票、提单等流通工具（Negotiable Instruments）仍基于16世纪确立的惯例，在当时纸张是记录信息的唯一方式。2020年的新冠肺炎疫情使国际贸易参与者交换纸质的汇票、本票、提单等变得困难，因此，多国已开始参照联合国《电子可转让记录示范法》（*Model Law for Electronic Transferrable Records*）修订本国相关法律，赋予电子化流通工具法律地位。

2021年4月28日，七国集团（G7）通过了电子可转让记录（Electronic Transferable Records）合作框架，同意开展具有一致性的国内法改革，共同推动在国际上采用电子可转让记录，使数字化解决方案在货物运输和贸易金融中得到运用。G7将采取的具体行动，一是解决各国国内的法律障碍，推动采用符合联合国《电子可转让记录示范法》原则的法律框架；二是在国际上推动相关法律改革；三是解决技术和互操作性问题，促进形成技术国际标准；四是开展监管合作，包括数据保护、资本要求、了解客户、反洗钱、电子签名等方面的规定。

此前不久，新加坡已按照联合国《电子可转让记录示范法》启动国内相关法律的修订，以赋予电子本票、汇票、提单等与其纸质形式同等的法律地位。而在2020年，为满足电子化需求，英国已经启动了1882年《票据法》的修订。国际商会（ICC）英国分会也于近日指出，流通工具的电子化对英国来说具有战略重要性，认为英国有机会成为G7中首先实现贸易系统完全数字化的国家，通过法律的现代化使贸易活动迅速进入数字时代。

资料来源：*G7 Digital and Technology Ministers' meeting*（www.gov.uk）。

美联储：对央行数字货币的设计考虑和研发进展

当前，一些科技平台正在发展用于支付的稳定币。与央行货币不同，稳定币没有法定货币地位，且部分稳定币会使消费者和企业面临风险。在消费支付中广泛使用稳定币等私人发行的货币，可能导致一国支付系统的割裂，从而提高交易成本，增加居民和企业的负担。在由多家私营机构各自发行银行券的19世纪，美国的支付系统就充满了低效、欺诈和不稳定，引发了对基于国家信用的统一形式货币的需求。

设计央行数字货币，应注意任何央行数字货币都应作为对现行货币和银行账户的补充而非取代，且需保护商业银行不受"脱媒"的冲击和维护货币政策的传导。

当前，美联储的多学科团队正在对支付、清算、结算数字化创新的相关技术和政策问题进行研究，包括对可能出现的美国央行数字货币收益与风险的研究。例如，技术组正在对数字货币及其生态的不同情景进行研究和实验，政策组正在考虑一系列与数字支付相关的重大政策问题。此外，波士顿联储正在与麻省理工大学合作，运用前沿技术方案构建和测试一个虚拟数字货币平台。这项工作的目的是在不考虑政策影响的情况下，研究央行数字货币核心功能的可行性。后续，将探索如果实现一些额外功能（包括韧性、私密性和反洗钱），数字货币核心功能的运行及设计将被怎样影响。

资料来源：*Private Money and Central Bank Money as Payments Go Digital: an Update on CBDCs*（www.federalreserve.gov）。

ICMA：全球可持续金融发展近况

2021年第一季度，全球可持续债券（包括绿色债券、社会债券、可持续发展挂钩债券等）发行量为1721.3亿美元，与2020年同期（698.2亿美元）相比，增长率近150%。

国际资本市场协会（ICMA）调查显示，97%的可持续债券（不包括中国）符合ICMA《绿色债券原则》（GBP）、《社会债券原则》（SBP）、《可持续发展债券指引》（SBG）和2020年发布的《可持续发展挂钩债券原则》（*Sustainability-Linked Bond Principles*, SLBP）。已经或正在考虑对可持续债券实行管理的国家也在参考上述原则，如正在制定绿色债券有关标准的中国、日本、巴西、东盟和欧盟国家。

资料来源：*Sustainable Finance*（www.icmagroup.org）。

英国就贸易单据电子化立法发布草案并征求意见

2021年4月，英国法律委员会就贸易单据的电子化发布立法草案并征求意见，该草案是英国近年来针对数字资产开展的立法项目之一。草案聚焦于国际贸易中广泛使用和起到重要作用的单据，这些单据的共同特点是占有单据就能实现对其上所记录义务或商品的所有权。草案暂定适用于汇票、本票、提单、船运交货单、仓单、海运保险单、货物保险证明，在它们的电子形式满足一定要求的情况下，赋予电子单据与纸质单据相同的法律效力。草案采取单独立法形式，核心条款的内容和效力与2017年联合国《电子可转让记录示范法》非常相似。

由于英国和绝大部分其他地区的法律都不承认电子贸易单据的合法性，国际贸易及贸易融资基本上只能使用纸质单据。英国每年国际贸易规模达到1.153万亿英镑，单笔交易通常涉及10~20种纸质单据。但许多单据流程及其法律基础来自几百年前的商业实践，且基于纸质单据。如今面对日益数字化的商业世界，尤其是数字技术已发展到可以创建与纸质单据达到相同功能的电子单据（目前主要通过分布式账本技术），以几百年前的商业实践为基础制定的贸易单据法律变得过时且效率低下。上述原因推动了此次草案的起草。

草案原文如下：

规定电子贸易单据与纸质贸易单据
具有相同效力的法案

1. "贸易单据"、"电子贸易单据"及"控制"的定义

（1）本节定义了本法案使用的特定术语。

（2）以下单据可作为"贸易单据"：

　　（a）汇票；

　　（b）本票；

　　（c）提单；

　　（d）船运交货单；

　　（e）海运保险单；

　　（f）货物保险证明；或者

　　（g）仓单。

（3）满足以下各条件的贸易单据为"电子贸易单据"：

　　（a）以电子形式存在；

　　（b）包含须在同等的纸质贸易单据内载列的信息；

　　（c）由满足以下条件的系统持有：

　　　　（i）任何时间都不能有超过一人控制该单据；

　　　　（ii）单据从一人转移至另一人之后，转让人不再对其享有控制权。

（4）满足以下各条件的人视为"控制"单据：

　　（a）使用单据；

　　（b）转让或以其他方式处置单据。

2. 占有电子贸易单据等

（1）就任何法定条文或法律规则而言，控制电子贸易单据的人为占有该单据的人。

（2）相应地，根据以上规定：

（a）当受让人获得电子贸易单据的控制权时，该电子贸易单据的占有权便从一人转移至另一人；

（b）就电子贸易单据所作的任何相当于在纸质贸易单据上背书的行为，对电子贸易单据具有与在纸质贸易单据上背书同等的效力；

（c）就电子贸易单据所作的任何其他行为，若与对同等纸质形式的贸易单据可作的行为相对应，则对电子贸易单据具有同等效力。

（3）在本条中，"法定条款"是指在任何时候通过或制定的任何法案的条款，或者威尔士国民议会法案或措施中所制定的条款。

3. 贸易单据的替换

（1）纸质贸易单据可被电子贸易单据替换，电子贸易单据也可被纸质贸易单据替换，前提是替换单据载有其为替换单据的声明。

（2）单据被替换后：

（a）原单据不再有效；

（b）所有与原单据有关的权利和义务继续对替换单据有效。

4. 支票等的电子形式

在1882年《票据法》第89B（2）条（适用第89A条的文书）末尾插入"或者基于《2021年电子贸易单据法案》的，作为电子贸易单据的票据（见该法案第1节）"。

5. "贸易单据"定义的修改权

（1）国务卿可根据法定文书所制定的规定，在第1(2)条的单据清单中增加、删除或修改某项条目。

（2）本条下的规定可作附带的、间接的、过渡性的或保留的条文，包括修改本法案或任何其他法案，或威尔士国民议会的任何法案或措施的附带的或间接的规定。

（3）包含本节规定的法定文书不得制定，除非该文书的草案已在议会提出并通过决议。

6. 范围、生效和法律简称

（1）本法仅适用于英格兰和威尔士。

（2）本法自通过之日起两个月后生效。

（3）第2条不适用于在本法生效日前发布的单据，且这类单据不得根据第3条予以替换。

本法可被引为《2021年电子贸易单据法》。

资料来源：*Digital assets: electronic trade documents: A consultation paper*（www.gov.uk）。

国际贸易与福费廷协会发布基于分布式账本技术的数字化流通工具方案

国际贸易与福费廷协会（ITFA）发布了基于密码学与分布式账本技术的流通工具（Negotiable Instruments）数字化方案。方案创造了一种与现有纸质汇票和本票功能等同的数字化工具，称为电子支付承诺（ePU），在英国法律框架下运行。ePU需创造一个具有英国法律下票据所有属性的电子单据，因此，有效的ePU能够被识别为原始文本，是不可撤销、无条件的支付承诺，善意持有人能将其自由转让，能被持有人控制且无法篡改。ePU的底层技术方案必须达到密码学上的安全性，独立于任何系统或平台，连接公钥，记录于分布式账本，并满足以下条件：一是发布在账本上的ePU内容必须包含密码学证据（哈希值）；二是ePU必须包含与私钥对应的公钥以证明所有权；三是能够对ePU增加内容，但不可改变先前内容；四是ePU须有电子签名和电子印章；五是允许ePU所有者将其作废。

资料来源：*The ITFA Digital Negotiable Instruments Initiative*（www.itfa.org）。

国际保理商联合会：从保理和信用保险视角看格林希尔事件

格林希尔公司曾开展反向保理和其他应收款融资业务，信用保险公司的退出成为公司破产的原因之一。从目前看来，保险公司是由于保单中存在不符合标准的风险而不愿继续承保，格林希尔也没有在六个月通知期内找到新的风险承担者。显然，危机早在保险公司退出前就已经出现。

虽然格林希尔公司曾被视作供应链金融领域的领导者，但其失败并不带来系统性风险。不过，该事件可能引发对有关领域的监管，如相关基金、未来发票保理、信用保险在反向保理中的行为等。由于担心格林希尔事件的负面影响，许多保理公司已开始主动披露其反向保理敞口及具体项目。

供应链金融领域需要更加标准化和更健全的规则。格林希尔事件暴露了基金在承销和参与反向保理时的问题。一些基金并没有完成尽职调查，继而暴露在操作风险、集中度风险、应收款稀释风险和欺诈风险中。基金与保理业务之间的距离可能也是问题之一，如瑞士信贷基金似乎无法对格林希尔的运营风险进行干预。此外，市场依赖外部评级来确定项目风险，但评级机构的作用应被质疑。评级机构不可仅依靠第三方的风险缓释，应该认识到只有信用保险支持是不够的。

资料来源：*Factoring and Credit Insurance Working Group Overview*（www.fci.nl）。

票据市场运行数据

票据市场运行数据

2021年1—11月商业汇票业务数据

（上海票据交易所）

单位：亿元

时间	承兑发生额		贴现发生额		转贴现发生额		质押式回购发生额	买断式回购发生额	承兑余额		贴现余额	
	银票	商票	银票	商票	银票	商票			银票	商票	银票	商票
2021年1月	19550.41	4184.04	12033.51	1438.22	36567.35	4882.15	19673.28	1223.98	120891.33	23541.31	81256.78	7578.56
2021年2月	11336.27	3173.17	6308.70	1007.90	23056.08	2047.99	11699.40	835.47	118427.23	24710.73	78267.13	8017.86
2021年3月	19724.14	3247.87	14045.19	1349.62	41124.69	4432.01	19917.30	1650.01	116488.05	24391.48	76626.08	8277.51
2021年4月	16828.83	2884.86	11411.14	886.91	41877.87	4950.60	20255.79	1382.73	117028.83	24481.84	76820.97	8327.19
2021年5月	16239.80	2625.19	11405.18	842.36	37259.65	4532.36	18241.49	1224.69	117633.16	24124.94	77693.47	8368.29
2021年6月	19738.74	3494.74	13967.32	1162.99	35821.01	4418.80	19338.64	1567.91	120154.05	23254.60	80806.07	8516.56
2021年7月	15108.35	2586.27	10184.35	788.11	35547.49	3881.69	21776.91	1974.87	119488.38	22546.23	81134.36	8397.98
2021年8月	15751.84	2622.23	10642.49	750.94	34593.86	4509.60	19098.92	846.78	122592.94	21981.22	83874.88	8341.78
2021年9月	17423.65	3145.05	11560.42	1119.75	32359.07	3308.06	18149.35	531.42	123952.80	21952.33	85277.65	8461.06
2021年10月	13143.95	2085.93	8170.35	646.84	23896.29	2801.39	14876.77	475.70	123811.43	21417.69	85365.58	8409.67
2021年11月	16160.84	2683.71	10886.45	864.56	30906.48	3185.65	19393.42	766.59	125453.17	21054.34	86771.74	8366.03